文史哲學集成

徐漢昌著

韓非的法學與文學

文史哲出版社印行

國家圖書館出版品預行編目資料

韓非的法學與文學 / 徐漢昌著. -- 初版 -- 臺北市：文史哲，民 103.02 印刷
12，258 頁；21 公分（文史哲學集成；112）
ISBN 978-957-547-317-4（平裝）

121.67

文史哲學集成 112

韓非的法學與文學

著　者：徐　漢　昌
出版者：文　史　哲　出　版　社
http:// www.lapen.com.tw
e-mail：lapen@ms74.hinet.net
登記證字號：行政院新聞局版臺業字五三三七號
發行人：彭　正　雄
發行所：文　史　哲　出　版　社
印刷者：文　史　哲　出　版　社
臺北市羅斯福路一段七十二巷四號
郵政劃撥帳號：一六一八〇一七五
電話886-2-23511028・傳真886-2-23965656

實價新臺幣三六〇元

中華民國七十三年（1984）十月修訂再版
中華民國一〇三年（2014）二月修訂再版二刷

ISBN 978-957-547-317-4　00112

自序

武王革命，弔民伐罪，以有天下。周公佐之，遂使西周鼎盛。東遷以降，王綱不振，卒至春秋而衰，戰國而亂。戰國之時，天下諸侯，內求富强，外事兼併。布衣之士則各騁才思，力謀對策，百家爭鳴，一時稱盛。法家思想較爲晚出，戰國末期，韓非集理論之大成，李斯收推行之實效。此派學說，頗有可取，用能助秦統一天下，然亦有其不可諱之缺失，終致促秦僅二世而亡。溯厥原由，頗堪玩味。

閑嘗自思，時代不論古今，政體不拘君主民主，均不能不行法治。則析其內容，究其功過，取長捨短，實爲今日之要務。因以法家思想爲範疇，從事探討。先成「愼子校注及其思想研究」以爲發凡。茲更就講授韓非子之便，作進一步之研究，輯其一得，草成本書。

韓非生當戰國末世，爲韓國諸公子，然不得志於韓。性喜刑名法術之學，師事荀卿，而與李斯同門。師友所漸，遭遇所感，乃成其法家集大成之學。故書之編次，冠之以其人及其所遭環境之探討，實以捨此不能瞭解其思想之所由來也。

韓非思想以勢、法、術三者合一。國君必因勢始能用術，終極於行法。法治則對上鞏固君勢，限制君術；對下統治臣民，致國於富强。術則察姦以固勢，御下以行法。三者相輔相成，乃能收法治政治之效，此爲其學說之主旨。

韓非爲人口吃，不幸生於縱横遊說之時代，其不得志，或以此歟。司馬遷謂其善著書，今觀其文辭，信然。故本書兼論其文學之成就，期有助於學者之習文以及表達思想之技巧。言之不文，行之不遠，此固不可忽視者也。

本書之寫作，引用韓非子及各書文字之處極多，爲免前後翻檢之不便，各文出處均標明於原文前後。引文中有需兼顧校勘者，亦逕附於該句之下。

本書承王師靜芝校閱，父執熊復光先生賜題封面，謹此致謝。著者學力淺薄，益以成書倉促，疎陋之處，則有俟博雅君子之教正，與他日學有進境時之檢討。

中華民國六十八年四月　徐漢昌序於台灣台中

韓非的法學與文學　目錄

第三篇　韓非的重勢思想……六三

第四篇　韓非的法治思想……八五

第六篇　韓非思想的綜合觀察……一五九

文學部分

第八篇 韓非文章欣賞略例……二二一

總論

一、

韓非政治學治法、術、勢三方面思想於一爐，其所著韓非子一書，內容包括甚廣，而以教導國君治國臻於富强爲主要目的。重勢卽所以鞏固領導中心，增强治國的威權；用術則在潛御臣民，令其守法效功；立法以樹立一國根本，上下共守以爲言行準則；三者相輔而又相成，連鎖而又一貫。韓非子書中對此三者的論列，篇幅上論法術多於論勢，言術又多於言法。良以韓非立論乃以君主政體爲前提，其思想非爲人民而發，亦非爲大臣而設，只爲國君而立。其思想所期盼瞭解的對象和蘄求運用的對象，都以國君爲第一優先。此點極重要，研究韓非思想不可不知。

强化國君領導威勢的主張，不必有太多學理的依據，或一再强調重視的理由，也必然會爲國君所欣然接受，因此論勢的文字並不需要佔太長篇幅。但是在闡述增加威勢的方法這一方面，則必須詳加說明，增加威勢的方法是行法治，所以論法的文字多於論勢。君勢的能否確保，國法的能否確行，在君主政體下，國君是主要的成敗關鍵。國君如不能振作，或不善掌握威勢，則不免大權旁落，姦邪乘機而入，因緣而進，則法治難期實行，卽君位亦難期確保。補救的方法是用術，所以在韓非思想中，最需要加以詳盡說明的，最迫切要求國君學習的，但同時也是國君最難作到的，都是用術。無怪乎其書中論術的文字比論法還要詳盡，此中實有不得不如此的情形在。綜觀韓非子全書，法術勢三方面篇幅並不相等，其原因即在於此。此點亦爲研究韓非思想不可不知者。

法字的本字是灋，說文：「灋，荆也，平之如水，从水。廌所以觸不直者去之，从廌去。法，今文省。金，古文。」（段注說文解字第十篇上廌部）又說：「廌，解廌獸也，似牛一角。古者決訟，令觸不直者。」（同上）法的本意是取平，取直。梁啓超說：「我國文『法』之一字，與刑、律、典、則、式、範等字，常相爲轉注。」（飲冰室文集，中國法理學發達史論）

法家是屬於有整套治國方針和理想的政治思想家，他們的精神是：講求平直；他們的作法是：樹立典則式範；而不是只在法律條文上打圈子的人。法家講法理，重點在爲甚麼要立法，立甚麼樣子的法，依據是甚麼，目的又是甚麼這些方面。法家學者，在確立一套用人行政的制度，賞罰的標準和重賞嚴刑的手段，用以幫助當時的國君治好國家，求生存、求富强。法家學者的經濟觀念是重農抑商，軍事觀念是講公戰禁私鬥，教育觀念是以法爲教，以吏爲師。最合乎這些作法，最純正標準的法家就是韓非。

術，說文：「邑中道也。从行，朮聲。」段玉裁注：「引伸爲技術。」（段注說文解字第二篇下行部）術只能算是實現目的、確保原則的一種技術或手段，而不是目的或原則。在韓非的思想中，術只是確保法治實行無礙無偏的一種國君專用的手段而已，並不足以概括他思想的全部，或成爲他思想的中心。何以言之？申不害只知用術，治韓失敗的例子，對韓非是個殷鑑。

商鞅用法治秦，由於無術知姦，以致於「戰勝則大臣尊，益地則私封立」（定法）。用法而無術，雖亦陷於一偏，究竟勝於有術無法一籌，所以秦的損失也只限於大臣權重，一旦權臣除去，名與利仍屬秦王所有，站在秦的國家立場，實行法治是既富且强。而申不害用術治韓，却只落得勉可自保，諸侯不敢來犯。至於戰勝、益地之事，則無從想像。大臣固然無姦私，無名利可得，韓國更無由富强。再者，商鞅死後，法治典型仍在，秦賴以强；申不害死後，韓國則一無餘教可循，因而日衰。法術功效的優劣高下，卽此已明。秦能統一天下，韓則終亡其國，其眞正原因卽在此。

在歷史鑑戒不遠的情形下，聰明如韓非，可能主張以術治國而捨棄可垂久遠的法治嗎？韓非講術，消極的目的，是用之補救徒用法以治國所引起的弊端，積極的目的，則是更進一步的促成法治的確切實行，加强法治的功能和獲得法治理想的成效。若以韓非子書中講術的篇幅多，又最詳盡，就認爲韓非是個法術家，或根本是個術家，就錯看韓非了。

至於法術在理論上運用上的孰重孰輕，孰主孰輔，請參看本書論韓非法學諸篇。本書名爲韓非的法學，其意卽在認定韓非是一個法家，而其學說主旨在於法治。

二、

研究韓非子思想，當以韓非子本書爲主要依據。司馬遷說韓非「作孤憤、五蠹、內外儲、說林、說難十餘萬言」（史記老莊申韓列傳），篇目當不只此數，漢書藝文志著錄：「韓子，五十五篇。」

梁阮孝緒七錄則著錄：「韓子二十卷。」（七錄佚，據史記正義引）此後正史及私家著錄，皆爲二十卷。今天最通行的清王先愼集解本，則兼標二十卷五十五篇。本書之引證韓非子原文，卽據此本。宋代以後，因爲有人尊稱唐代古文家韓愈爲「韓子」，於是爲免與韓非書相混，因而有人將歷代稱爲「韓子」的書名，改稱「韓非子」。宋晁公武郡齋讀書志，清孫星衍孫氏祠堂書目與廉石居藏書記，黃丕烈士禮居藏書題跋記，張之洞書目答問等均是。民國以來則多稱之爲「韓非子」，今天已成爲通稱。

韓非子一書，漢志五十五篇與梁以後的二十卷，雖然分合情形無法確知，但大體上可以認爲是一致的。南北朝以降，公私著錄一直爲二十卷，應該並無太多的散佚。輯佚的工作前有清代王先愼，後有民國陳奇猷（見所著韓非子集釋一書），唯數量均甚少。民國以來，考證古書眞僞的風氣大盛，韓非子一書也不能例外。梁啓超、胡適諸先生卽提出現存韓非子書中許多篇目不可信的說法。隨後引起不少的討論，連篇累牘，言人人殊。因各學者討論之書具在，此不詳述。在疑古，考古風氣中，也有學者認爲韓非子全書，除極少後人羼入的一些材料外，俱屬韓非作品，並無僞作，如熊十力韓非子評論是。

四庫提要子部法家類說：「疑非所著書，本各自爲篇，非歿之後，其徒收拾編次，以成一帙。故在韓在秦之作，均爲收錄，倂其私記未完之稿，亦收入書中。名爲非撰，實非非所手定也。以其本出於非，故仍題非名，以著於錄焉。」韓非子一書的編成，提要所述甚是。既非一時一地之作，思想容有小的出入，行文也可能有章法筆調的不同，若只因行文不類，文氣不似之類的理由，斷定一些篇目的眞僞，恐怕未必能服衆。熊十力韓非子評論最後附識之文和王師靜芝韓非思想體系第二篇第一節所論，在態度上是極可取法的。

本書的撰著雖不作此類考據工作，但對確認不是韓非所寫的存韓篇後半部，即李斯上秦王與韓王兩書，則不予採用。初見秦一篇爭論也多，究爲張儀、范雎、蔡澤、韓非四人中何人所作，殊難確定，（按：本篇不出張儀，有容肇祖韓非子考證、陳祖釐韓非別傳、劉汝霖周秦諸子考及高亨韓非子初見秦篇作於韓非考諸文的考證。鄭良樹認爲初見秦篇出自戰國策。）家大人文珊先生所著先秦諸子導讀與嚴靈峯先生論初見秦篇爲韓非自作一文均論定初見秦篇爲韓非所著無誤。然以本篇與韓非思想並無十分密切關係，故本書對之亦置而弗論。其他諸篇中偶有錯簡，訛衍、脫誤、羼入等情形，任何古書均所難免，並不足據以論其眞僞，故本書之研究探討，如有需要，或多或少均加採用。唯對各家確認必定出於韓非手筆諸篇，尤爲重視，並作論述時之主要依據。

第一篇　韓非其人和他的處境

韓非子是一本以講政治思想爲主的書，在中國學術史上有他的地位，雖然過去一度被漠視，但是韓非能持之有故，言之成理，終能成一家之言，也因立言而不朽。更何況文字的技巧，也足以做後人楷模。因此，今日研究這本書的人漸多。

孟子說：「頌其詩，讀其書，不知其人可乎？是以論其世也，是尚友也。」本文即以他本人的遭遇和他所處的時代與環境爲主題，希望能藉知人、論世，進而瞭解他的書和他的思想。

第一章　失意的個人

第一節　韓非生平

韓非生平事蹟，史記老莊申韓列傳言之最詳，玆節錄其文於後。

「韓非者，韓之諸公子也。喜刑名法術之學，而其歸本於黃老。非為人口吃，不能道說，而善著書。與李斯俱事荀卿，斯自以為不如非。

「非見韓之削弱，數以書諫韓王，韓王不能用。於是韓非疾治國不務修明其法制，執勢以御其臣下，富國強兵。而以求人任賢，反舉浮淫之蠹，而加之於功實之上。以為儒者用文亂法，而俠者以武犯禁，寬則寵名譽之人，急則用介胄之士，今者所養非所用，所用非所養，悲廉直不容於邪枉之臣。觀往者得失之變，故作孤憤、五蠹、內外儲、說林、說難十餘萬言。

「然韓非知說之難，為說難書甚具。終死於秦，不能自脫。說難曰：（原文具見韓非子，此不錄。）

「人或傳其書至秦，秦王見孤憤、五蠹之書，曰：『嗟乎！寡人得見此人與之游，死不恨矣！』李斯曰：『此韓非之所著書也。』秦因急攻韓。韓王始不用非，及急，迺遣非使秦。秦王悅之，未信用。

「李斯、姚賈害之。毀之曰：『韓非，韓之諸公子也。今王欲并諸侯，非終為韓不為秦，此人之情也。今王不用，久留而歸之，此自遺患也。不如以過法誅之。』秦王以為然，下吏治非。李斯使人遺非藥，使自殺。韓非欲自陳，不得見。秦王後悔之，使人赦之，非已死矣！

「申子、韓非，皆著書傳於後世，學者多有。余獨悲韓子為說難，而不能自脫耳！

「太史公曰：『……韓子引繩墨，切事情，明是非，其極慘礉少恩，皆原於道德之意。……』」

韓非的死，李斯是主謀，李斯何以要害韓非，下文將論及此事。至於姚賈的毀謗韓非，戰國策秦策五有一段記載，可供參考：

「四國為一，將以攻秦。秦王召羣臣賓客六十人而問焉，曰：『四國為一，將以圖秦，寡人屈於內，而百姓靡於外，為之奈何？』羣臣莫對。姚賈對曰：『賈願出使四國，必絕其謀而安其兵。』乃資車百乘，金千斤，衣以其衣冠，舞以其劍。姚賈辭行。絕其謀，止其兵，與之為交以報秦。秦王大悅，賈封千戶，以為上卿。

「韓非知之，曰：『賈以珍珠重寶，南使荊吳，北使燕代之間，三年。四國之交，未必合也，而珍珠重寶盡於內，是賈以王之權，國之寶，外自交於諸侯，願王察之。且梁監門子，嘗盜於梁，臣於趙而逐。取世監門子，梁之大盜，趙之逐臣，與同知社稷之計，非所以厲羣臣也。』

「王召姚賈而問曰：『吾聞子以寡人財交於諸侯，有諸？』對曰：『有。』王曰：『有何面目復見寡人？』對曰：『曾參孝其親，天下願以為子；子胥忠於君，天下願以為臣；貞女工巧，天下願以為妃。今賈忠王，而王不知也。賈不歸四國，尚焉之？使賈不忠於君，四國之王，尚焉用賈之身？桀聽讒而誅其良將，紂聞讒而殺其忠臣，至身死國亡，今王聽讒，則無忠臣矣。』

「王曰：『子監門子，梁之大盜，趙之逐臣。』姚賈曰：『太公望，齊之逐夫，朝歌之廢屠，子良之逐臣，棘津之讎不庸，文王用之而王。管仲，其鄙人之賈人也，南陽之弊幽、魯之免囚，桓公用之而伯。百里奚，虞之乞人，傳賣以五羊之皮，穆公相之而朝西戎。文公用中山盜，而勝於城濮。此四士者，皆有詬醜大誹天下，明主用之，知其可與立功，使若卞隨、務光、申屠狄，人主豈得其用哉！故明主不取其汙，不聽其非，察其為己用。故可以存社稷者，雖有外誹者不聽；雖有高士之名，無咫尺之功者不賞；是以羣臣莫敢以虛願望於上。』

「秦王曰：『然。』乃可。復使姚賈而誅韓非。」

按：韓詩外傳卷八有如下一段文字，頗堪注意：

「魯哀公問冉有曰：『凡人之質而已，將必學而後為君子乎？』冉有對曰：『臣聞之：雖有良玉，不刻鏤，則不成器；雖有美質，不學，則不成君子。』曰：『何以知其然也？』『……昔吳楚燕代，謀為一舉而欲伐秦。祧賈，監門之子也，為秦往使也，遂絕其謀，止其兵，及其反國，秦王大悅，立為上卿。……』於是哀公嘻然而笑曰：『寡人雖不敏，請奉先生之教矣。』」

此文的祧賈與秦策所載的姚賈，同一做爲，二書文意亦相同，似應屬一人。

韓詩外傳將此人的時代，提前到魯哀公的時候，時代相隔未免太遠，似乎難有與韓非發生關連的可能。若秦策所載爲可信，則荆吳燕代四國謀伐秦，似乎也不可能。因爲吳被越所滅亡在周元王四年（史記六國年表），越則被楚威王所滅（史記越王勾踐世家）。楚威則當秦孝公與秦惠文王之時，距韓非到秦時間相隔也遠。所以史記說姚賈害韓非，不知所據爲何。秦策的記載，錄之以備參考。

韓非使秦，在韓王安五年。死在韓王安六年。

史記韓世家說：「王安五年，秦攻韓，韓急，使韓非使秦。秦留非，因殺之。」韓非到秦，上書秦王，勸勿攻韓。（文見韓非子存韓篇：「韓事秦三十餘年，……夫攻伐而使從者閒焉，不可悔也。」一段）秦王將韓非上書交李斯研議，李斯認爲秦仍應先行攻韓，並志願赴韓，騙韓王入秦以爲要挾。（見存韓篇：「詔以韓客之所上書，書言韓之未可舉，下臣斯。……願陛下幸察愚臣之計，無忽。」一段）不料韓王不見李斯，李斯乃在上書後懷恨而歸。（李斯上書見存韓篇：「昔秦韓勠力一意以不相侵，天下莫敢犯，如此者數世矣。……願陛下幸復察圖之，而賜臣報決。」一段）

李斯歸國後，譖殺韓非。史記始皇本紀：「（始皇）十四年，（卽韓王安六年），韓非使秦，秦用李斯謀留非，非死雲陽。」史記六國年表同。證以韓非本傳「久留而歸之」之語，韓非卒年，當在韓王安六年

韓非生年，有下列幾種主要說法：

一、生在韓襄王之末，約在韓襄王十四年左右。陳奇猷先生主之。說見韓非子集釋一書。

二、生在韓釐王初年。陳千鈞先生主之。說見學術世界一卷二期，韓非新傳一文。

三、生在韓釐王十五年前後。錢穆先生主之。說見先秦諸子繫年。陳啓天先生增訂韓非子校釋一書從之，並定爲韓釐王十六年。

四、生於桓惠王初年，卽周赧王四十年前後。梁啓超先生主之，說見先秦學術年表。

韓非生年，文獻不足，實難以確定在那一位國君的那一年。卽上列四說，亦僅言其大概。確切年代，亦與思想研究無十分必要的關係，可置而不論。所必需瞭解者，韓非死後第三年，卽韓王安九年，韓亡國。則韓非生當韓國末世可知，其時則自昭侯用申不害爲相後，國力日弱，國勢日蹙之際也。

第二節　韓非其人的特點

韓非個人的特點，可得而言者有二：

1 學力高、文學好、不善言

學力高、文學好，是他後天的長處，是成名的原因。不善言，就是口吃，是他先天的短處，是失敗的原因。更不幸的是，這三點，也就是韓非被害死的原因。

韓非「喜刑名法術之學」（史記老莊申韓列傳），可能是先天上性情相近和後天受刺激所致。由於喜好此道，所以在跟荀卿求學時，能超過同學李斯，而讓李斯「自以爲不如非」（同上）。這證明他的學力高。韓非子一書，能集法家思想的大成，更足證明此點。

韓非爲人口吃，不能道說，是他先天的致命傷，可能因而使他轉向寫作上發揮，他的「善著書」（同上），彌補了口吃的缺點。他的文學成就，另有專篇討論，此不多述。只就秦王見了孤憤、五蠹之書，感嘆說：「嗟乎！寡人得見此人，與之遊，死不恨矣」（同上）來看，韓非文學造詣的高超，已可概見一斑。這是他的文學好。

韓非學力高、文學好，寫了一篇傳誦千古的說難。自古遊說之道，戰國說客的縱橫之術，已盡在此篇，是理論上的重要作品。但是韓非卻無法自己付之於實際行動，因爲他口吃。所以他只能「數以書諫韓王」（史記老莊申韓列傳），而以書諫，究竟不如面對面以諫，來得有效。以口吃而折衝樽俎，也就只能使秦王「悅之」（同上）而「未信用」（同上）。司馬遷一再感嘆，韓非能做說難，而不能自脫於秦。口吃，使韓非不能得志於韓，也使他不能自救於秦，誠大痛也。

韓非學力高、文學好，使李斯嫉妬，此人一日不死，李斯一日不安。何況秦王對韓非學問的欣賞，已到了只要能和此人遊，即可死而無憾的程度。所以李斯利用秦王，尚未信用韓非的時候，立下毒手，殺韓非於獄中。秦王究竟有憐才之心，雖明知韓非不可能爲秦用，甚而留之是禍，仍要赦免他，可惜爲時已晚。

2 偏於冷酷的性格

屈原以忠愛的情操，發而爲離騷哀怨之文；韓非以忠愛的情操，卻發而爲孤憤嫉世之章。二人都忠君愛國，但表現於外的卻不同，一個熱情，一個冷酷。其原因，即在韓非的個性與屈原不同。

嘗讀史記酷吏列傳，見張湯幼時磔鼠一事，每感其性格如此，宜乎爲漢代酷吏。學術方向衆多，性質也大有不同，一般人大多選擇性向所近的學習。準此而論，韓非喜刑名法術之學，將師道變本加厲，而成其集大成法家之學，必其性格有以致之。觀其主張，其人冷酷、寡情、少恩。

梁啓超說：「吾儕在本書中雖不能多得韓非事蹟，然其性格則可想見。彼蓋一極倔強之人，確守其所信而不肯自枉以蕲合於流俗。彼固預知其不能免於世禍，然終亦不求自免，其遇可哀，而其志可敬也。」（要籍解題及其讀法）

因爲他比常人冷酷，所以對人能洞燭姦謀於先，更能以嚴法繩之於後；遇事則重分析，善推理，深入而獨到。冷酷則易寡情，只重事理，不講人情。其優點是能處事公正，毫無偏私，對事不對人；其缺點在容易流爲刻薄，不信任他人，更不能包容他人的缺點過失。寡情則必不以恩德待人，其結果遂不能固結民心，甚而衆叛親離。孟子所謂：「以力服人者，非心服也，力不贍也。」（公孫丑上）一旦力不足以服人，則所遭之反抗必大。韓非雖然也講賞，但這只是一種統治手段。賞和罰，雖然並用，仍是以罰爲主，所謂「重刑少賞，上愛民，民死賞。」（飭令）就是這個意思。

孔子說得好：「導之以政，齊之以刑，民免而無恥。」（論語爲政）這正說中了冷酷寡情而少恩者的思想所將造成的結果。不可否認，人心是肉做的，將心比心，重感情，雖然在政治上不免因情感作用影響法治，但這究竟只是可能和偶然的情形，不是所有的人和事都必然如此。

韓非這種做事趨向冷酷的特殊性格，促成他創造法家學說，但也使他學說本身有了缺憾，對後代也有不良影響。

韓非之所以造成此種性格，除在生性與習染上偏於冷酷外；混亂的時代和荀子的學說也不無影響荀子提出性惡的觀點，是見到混亂時代人心不古、行爲不當的情形而發。韓非生當戰國末期，社會更亂，人心更險，而身在王室，可能目睹耳聞了更多險惡的人和事，這種客觀環境的壓力和刺激，對一個人性格不可能沒有左右的力量。韓非生在這種環境，再加上老師思想的啓迪，自然養成了憤世嫉俗的特殊性格，以至促成其嚴酷少恩的法家學說，在文學風格上則養成推理勁快的論辨文章。

第三節　韓非的特殊身份

諸公子，是王室子弟，與國君同姓。雖然沒有繼承權，與國君血統也不見得極親近，但是國君是他們的大家長，國家也就是自己的家，國亡了，大臣人民仍可保有他們的家，可是，對諸公子而言，破碎的不但是國，更是自己的家。因此在血脈上是相通的，在禍福上是與共的。所以一個清醒而理智的諸公子，必定是愛國的人。

韓非就是知道愛國的諸公子，屈原也是知道愛國的王室子弟。屈原操守高潔、感情熾烈，所以有偉大的詩篇傳世；韓非頭腦冷靜、思慮周詳，所以有完整的思想傳世；重要的是，他們所表現出的愛國情操是相同的。沒有人懷疑屈原的忠誠，也不該有人懷疑韓非的忠誠。

司馬光在資治通鑑中批評韓非說：

「臣聞：君子親其親以及人之親，愛其國以及人之國，是以功大名美而享有百福也。今非爲秦劃謀，而首欲覆其宗國，以售其言，罪固不容於死矣！烏足愍哉！」（通鑑卷六始皇十四年）

司馬光若以初見秦篇論韓非的不愛國，何不以存韓篇來論他的愛國？何況初見秦篇公認不是韓非的作品，司馬光就文論文也應有所發現。存韓篇的爲秦設想而立論，也是爲轉移加諸於韓的壓力而不得不如此，其目的不是爲秦，而是存韓。這是手段，實並不足以詬病韓非。

假如韓非眞想覆其宗國，一到秦廷，可以立刻爲秦畫策取韓，非但不致自招死路，更可成爲秦的功臣。而以他之才，何國不用？又何必枯守於弱韓，俟君命而後使秦？實則，韓王不早用韓非，「及急，迺遣非使秦」（史記老莊申韓列傳），是韓王的錯。弱國無外交，韓非大可不去，但是他去了，而且犧牲了，這正是他愛國處。

若說韓非身負霸王大略，而不遊諸侯，是因爲：

「韓子非不欲得王權，以行所志，只時機未至耳。不圖呂政以陰鷙雄才，急併六國，而韓子無所措手矣。……韓子之書，漸為國人所共了，其必起而操韓之王權無疑也。」（韓非子評論，熊十力著）

此論亦錯看韓非。韓國主昏臣亂，固爲事實，韓非是否已着手於結黨取援，則未可肯定。且韓非所謂的忠臣是：

「賢者之為人臣，北面委質，無有二心，朝廷不敢辭賤，軍旅不敢辭難。順上之為，從主之法，

虛心以待令，而無是非也。故有口不以私言，有目不以私視，而上盡制之。」（有度）

絕對的服從君上，服從國法，就是忠臣。同時是要能「上明主法，下困姦臣，以尊主安國者也。」（姦劫弒臣）韓非不可能要求別人如此，而自己卻存取而代之的心，以下犯上，以卑干長。

甚而當他人勸韓非用全身之道以自保時，韓非仍堅持自己主張，雖危身亦所不惜。他說：

「竊以為立法術，設度數，所以利民萌便衆庶之道也。故不憚亂主闇上之患禍，而必思以齊民萌之資利者，仁智之行也。憚亂主闇上之患禍，而避乎死亡之害，知明夫身，而不見民萌之資利者，貪鄙之為也。臣不忍嚮貪鄙之為，不敢傷仁智之行。」（問田）

這正像屈原，不聽別人勸告，去從俗俯仰，寧可死而無悔，也要保持清白一樣。屈原不曾想取楚王自代，韓非也不可能取韓王自代，否則尊君重勢之觀念又將置之何地？所謂貴戚之卿，「君有大過則諫，反覆之而不聽則易位。」（孟子萬章下）此言唯孟子主張民貴君輕之流可以說，孟子所尊在周天子，而韓非所欲尊者，則是韓王，其不同處，即在韓非為韓之諸公子。他人可以為國而易君，韓非不能易其宗長。多了這一層關係，韓非、屈原已注定要成一悲劇性人物。

韓非明知法術之士不易得到國君信任，即使信任，也未必能長久實行法治，但仍然堅持他的主張。為了强國，也為了强家，他認為他必須如此。國危而使秦，盡了人力，事情不成功，無可奈何。所以不論他思想本身的利弊如何，韓非這個人是不折不扣的愛國者。比之商鞅、李斯、蘇秦、張儀之流，勝過何止萬倍！在那個時代，能和韓非在操守上並駕齊驅的，似乎只有屈原。

第二章　動蕩的時代

第一節　戰國以前的周天下

周民族自西方興起，取代殷商領導天下的地位，基於傳統的治道，和實際的需要，以德化的政策來統治天下。（參閱中興大學中文系學術論文集刊第四期所刊拙作：由今文尚書探討周以前之政治思想一文。）

在政治制度上用封建的方法，令子弟和功臣分疆而治，使各自建立國家。聽中央的號令，奉中央的正朔，按時述職入貢，以屏藩周天子。在社會組織上，用宗法的系統，以血緣分別上下親疏。以道德禮教維繫彼此感情。在經濟結構上，行井田制度，人皆有田可種，力耕足以自給，安居而且樂業。同時制禮作樂，普遍推行禮樂教化於天下，以敦厚風俗，輔助王政。

這些措施，奠定了周朝的基礎，開創了數百年的功業。孔子贊美說：「周監於二代，郁郁乎文哉！吾從周。」（論語八佾）

劉向在戰國策一書的敍中說：

「周室自文武始興，崇道德，隆禮義，設辟雍泮宮庠序之教，陳禮樂弦歌移風之化，敍人倫，正夫婦，天下莫不曉然論孝悌之義，惇篤之行，故仁義之道，滿乎天下，卒致之刑措四十餘年，遠方慕義，莫不賓服，雅頌歌咏以思其德。」

周成康以後，下及昭王，南巡狩不返，「王道微缺」（史記周本紀）。而穆王時王道衰微，征犬戎，「自是荒服者不至，諸侯有不睦者。」（同上）厲王以暴力阻止人民的批評，結果被流放到彘，而由周公、召公主持了十四年的共和政治。幽王因寵褒姒，終死於犬戎之手。平王東遷洛邑，王室益衰，諸侯力政，自此遂進入春秋時代。

史記總述西周末到春秋時大勢說：「及至厲王，以惡聞其過，公卿懼誅而禍作，厲王遂奔于彘。亂自京師始，而共和行政焉。是後或力政，彊乘弱，興師不請天子，然挾王室之義，以討伐爲會盟主，政由五伯。諸侯恣行，淫侈不軌，賊臣簒子滋起矣。齊晋秦楚，其在成周，微甚，封或百里，或五十里。晋阻三河，齊負東海，楚介江淮，秦因雍州之固，四國迭興，更爲伯主。文武所褒大封，皆威而服焉。」（十二諸侯表序）

孔子說：「天下有道，則禮樂征伐，自天子出。天下無道，則禮樂征伐，自諸侯出。」（論語季氏）西周時期，周天子雖有衰德，但是禮樂征伐，仍可操縱掌握；但到春秋時期，天子尚且爲諸侯所擁立，眞可以說是天下無道，禮樂征伐自諸侯出。

諸侯當政，先是與周天子交換人質（左傳魯隱公三年），後來更和天子作戰，甚而射傷周桓王（

左傳魯桓公五年）。周定王時，楚子更來問鼎大小輕重，其居心甚明。（左傳魯宣公三年）。天子的卑弱，諸侯的無禮，豈是文王武王所能逆料。

幸而管仲輔佐齊桓公，成爲諸侯霸主。他「尊王」的政策，維護了周天子的地位和尊嚴。無怪乎管仲以諸侯臣子的身份朝見周天子時，周天子卻待他以上卿之禮。（左傳僖公十二年）。他同時主張「攘夷」。周厲王就是死於夷人之手。「南夷與北狄交，中國不絕若線。」（公羊傳僖公四年）夷狄力量之大可想。攘夷的貢獻，孔子說的最好：「管仲相桓公，霸諸侯，一匡天下，民到于今受其賜。微管仲，吾其被髮左衽矣！」（論語憲問）可見管仲內而穩定當時政局，外而攘拒四夷，對中國的功勞甚大。

晉文公爲霸主，因爲和周天子同姓，是一家人，所以也頗爲擁護中央。再往後就每下愈況，不足論了。

第二節　戰國時期的周天下

韓、趙、魏三家晉國的大夫，在一番劇烈爭執後，瓜分了晉國。晉是姬姓大國，和周天子血緣很親，但是在被滅以後，周天子卻承認了這三個犯上而得以建國的諸侯。周天子不但不能討伐叛逆，反而承認了叛逆之徒的地位，這是周天子不足以爲天子的開始。

從此禮樂征伐自大夫出，甚而陪臣執國命。即以魯國爲例：「陽虎專季氏，季氏專魯國。」（公羊傳定公八年）而陽虎其人，則是「季氏之宰也。」（同上）

史記說：「是後陪臣執政，大夫世祿，六卿擅晉權，征伐會盟，威重於諸侯。及田常殺簡公而相齊國，諸侯晏然弗討，海內爭於戰功矣。三國終之卒分晉；田和亦滅齊而有之；六國之盛自此始。務在彊兵幷敵，謀詐用而從橫短長之說起，矯稱蠭出，誓盟不信，雖置質剖符，猶不能約束也。」（史記六國表序）顧炎武對此時期的情形更慨嘆的說：

「春秋時，猶尊禮重信，而七國則絕不言禮與信矣。春秋時，猶宗周王，而七國則絕不言王矣。春秋時，猶嚴祭祀，重聘享，而七國則無其事矣。春秋時，猶論宗姓氏族，而七國則無一言及之矣。春秋時，猶宴會賦詩，而七國則不聞矣。春秋時，猶有赴告策書，而七國則無有矣。邦無定交，士無定主，此皆變於一百三十三年間，史之闕文，而後人可以意推者也。不待始皇之幷天下，而文武之道盡矣。」（日知錄周末風俗）

文王武王的封建之道，與周公所制的禮樂，至此時期，完全被破壞、被否定。各國所爭的是土地，大臣所奪的是權勢。「溥天之下，莫非王土」（詩小雅北山）的時代過去了，周天子的土地，被諸侯分光。「古之大夫，束脩之問不出竟」（禮記檀弓）、「爲人臣者無外交」（禮記郊特牲）的時代也過去了，蘇秦可以佩六國相印、張儀可以朝秦而暮楚。

諸侯不尊天子，大夫亦隨而不尊其君。所謂「篡盜之人，列爲侯王，詐譎之國，興立爲强；是以轉相放效。後生師之，遂相吞滅，幷大兼小，暴師經歲，流血滿野；父子不相親，兄弟不相安，夫婦離散，莫保其命；湣然道德絕矣。」（劉向戰國策書錄）這是戰國初期的情形，後來就更嚴重了。「貪饕無恥，競進無厭，國異政教，各自制斷，上無天子，下無方伯，力功爭彊，勝者爲右，兵革不休，詐僞並起。」（同上）

中原的一片混亂，給西方的秦國以大好機會，終於呑併了「冠帶之倫」（賈誼過秦論語）。所謂泱泱文化大國的周，就此爲武力所消滅。

第三節　動蕩的原因

何以王室在西周是那麼强大，春秋時就逐漸衰微？而戰國時更一蹶不振，分成東西周，終於爲秦莊襄王所滅（史記周本紀）？而其他中原有文化的諸侯國，也先後消滅在秦始皇手中？此乃不能不深加探究的大問題。玆試就政治、社會、經濟三方面分別闡述之。

1　政治方面

封建制度，建立在血緣關係上，所行的是宗法。天子爲大宗，是嫡長子，其他子弟封在各地爲諸侯，是小宗。各地諸侯在本國爲大宗，其嫡長子繼承君位，其他子弟爲大夫，封在國內各地。逐層分封，均以血緣關係爲主。因爲血緣近，所以感情親，能上下一體，安危與共。所謂「大邦維屏，大宗維翰。懷德維寧，宗子維城。」（詩大雅板）大邦是屏藩，大宗是主幹，宗子是防敵之城。

西周初年，魯是周公兒子伯禽的封地；晉是武王兒子成王幼弟唐叔的封地；衞是武王弟康叔的封地；和天子關係極親近，分布要地，控制殷民。功臣中姜太公在齊，召公奭在燕，也是天子的親信。天子定時巡狩，諸侯年年朝貢，天子又有全國最多的軍隊，可以征伐不服。還可以任命强大的諸侯，代天子征伐，以護衞王室。像成王時，命姜太公「五侯九伯，實得征之」（史記齊太公世家）；命召公奭「自陝以西，召公主之」（史記燕召公世家）。以種種方法，維持周的天下。

周以諸侯起家，亦賴諸侯力量滅殷，所以立國之初，不能不行封建。但是時日一久，子孫繁衍衆多，而血緣關係也就漸遠漸淡；功臣感戴天子的心也減弱了；這是向心力的喪失。而周天子自身，德衰力弱，所作所爲不足以服衆，不足以號令諸侯，這是號召力的減弱。內部離心離德，以致有外患而無勤王之師，無怪天子要爲犬戎所殺。

柳宗元論封建說：「周有天下，裂土田而瓜分之，設五等邦，羣后布履星羅，四周於天下，輪運而輻集。合爲朝覲會同，離爲守臣扞城。……陵夷迄於幽厲，王室東徙，而自列爲諸侯矣。……天下乖戾，無君君之心。余以爲周之喪久矣，徒建空名於公侯之上耳。得非諸侯之盛彊，末大不掉之咎歟？遂判爲十二，合爲七國。威分於陪臣之邦，國殄於後封之秦。則周之敗端，其在乎此矣。」（封建論）

周之淪亡，實肇因於封建制度本身之缺陷，易致分裂；而專征伐的任命，更導致後來五霸操縱大權的局面，這又豈是周初實行封建始料所及。

周的封建宗法，構成上下等級，就天下言：「天子一位，公一位，侯一位，伯一位，子男同一位，凡五等也。」（孟子萬章下）就諸侯國言：「君一位，卿一位，大夫一位，上士一位，中士一位，下士一位，凡六等。」（同上）左傳也記載說：

2 社會方面

「天子經略，諸侯正封，古之制也。……天有十日，人有十等，下所以事上，上所以共神也。故王臣公，公臣大夫，大夫臣士，士臣皁，皁臣輿，輿臣隸，隸臣僚，僚臣僕，僕臣臺；馬有圉，牛有牧，以待百事。」（昭公七年）

不論全天下或諸侯國，都分別等位，各有隸屬，以待百事。有人勞心，有人勞力，工作性質不同，地位自亦有高低。

孟子說：「勞心者治人，勞力者治於人。治於人者食人，治人者食於人，天下之通義也。」（孟子滕文公上）因爲社會是分工合作的，所以治人的君一直到士，都不能直接耕種田地來養自己，而需仰賴庶人。庶人也需拿出收成，養活勞心的人，以求其能爲自己解決一些問題，所以說是分工，更是合作。

周代的社會情形，據孟子說是：

「大國地方百里，君十（十倍）卿祿，卿祿四（四倍）大夫，大夫倍（加一倍）上士，上士倍中士，中士倍下士，下士與庶人在官者同祿，祿足以代其耕也。次國地方七十里，君十卿祿，卿祿三大夫，大夫倍上士，上士倍中士，中士倍下士，下士與庶人在官者同祿，祿足以代其耕也。小國地方五十里，君十卿祿，卿祿二大夫，大夫倍上士，上士倍中士，中士倍下士，下士與庶人在官者同祿，祿足以代其耕也。」（萬章下）

在分工合作的情形下，大家各服其勞，所謂：「天子建國，諸侯立家，卿置側室，大夫有貳宗，士有隸子弟，庶人工商各有分親，皆有等衰。是以民服事其上，而下無覬覦。」（左傳桓公二年）而且大家各安其業，世代相承。所謂：「少而習焉，其心安焉，不見異物而遷焉。……故士之子恆爲士。……故工之子恆爲工。……故商之子恆爲商。……故農之子恆爲農。」（國語齊語管子曰）

當士以上勞心的人，能勝任愉快時，庶人們也能盡力耕種來事其上，否則，庶人就不服了。左傳說：「及其亂也，君子稱其功以加小人，小人伐其技以馮君子。是以上下無禮，亂虐並生，由爭善也。」（襄公十三年）勞心者治人的傳統地位，逐漸因品德漸低、能力漸弱，而不能令在下位的庶人心服，因而有了「篳門閨竇之人，而皆陵其上，其難爲上矣」（左傳襄公十年）的情形。而庶人中有德有能的人出現，更動搖甚而取代了原有勞心者的地位。

晉國名臣叔向就曾感嘆說：「雖吾公室，今亦季世也。……欒、郤、胥、原、狐、續、慶、伯，降在皁隸，政在家門。……公室之卑，其何日之有。」（左傳昭公三年）公室、卿大夫地位衰落的原因則是：「戎馬不駕，卿無軍行，公乘無人，卒列無長，庶民罷敝，而宮室滋侈，道殣相望，而女富溢尤。……民無所依，君日不悛，以樂慆憂。」（同上）公室中勞心者的荒淫無度，造成人民生活的困苦，使得「民聞公命，如逃寇讎。」（同上）社會上已失去原有的秩序與安定，到這個時候周天子拿不出解決的辦法，那也只有失天下了。

3. 經濟方面

勞心者靠勞力者供養，勞力者在周時的情形是：「耕者之所穫，一夫百畝。百畝之糞，上農夫食九人，上次食八人，中食七人，中次食六人，下食五人。庶人在官者，其祿以是爲差。」（孟子萬章下）農人用力勤惰有別，所生產糧食能養活的人也多少不同，但是再差也可以自給自足。

政府「取於民有制」（孟子滕文公上），卽是：「周人百畝而徹，其實皆什一也。」（同上）朱子集註解釋說：「貢法，固以十分之一爲常數。」不論豐收年或飢饉年，政府向人民所徵收的是收成的十分之一，這是相當合理的辦法。

「周政既衰，暴君汚吏，慢其經界，繇役橫作，政令不信，上下相詐，公田不治。故魯宣公初稅畮，春秋譏焉。於是上貪民怨，災害生而禍亂作，陵夷至於戰國，貴詐力而賤仁誼，先富有而後禮讓。」（漢書食貨志）

土地經界一亂，稅收卽無標準。既無標準，就可以隨意徵收，以滿足私欲。所以孟子說：「暴君汙吏，必慢其經界。」（孟子滕文公上）魯宣公十五年，初稅畝。論語顏淵篇記載：「哀公問於有若曰：年饑，用不足，如之何？有若對曰：盍徹乎？曰：二，吾猶不足，如之何其徹也！」稅畝就是以十分之二的比例收稅，比徹的十分之一，已多了一倍，魯哀公仍覺不夠用。所以班固說：「上貪而民怨，災害生而禍亂作。」

戰國時期，征戰不休，王室無度，農民生活就更苦了。李悝就曾以一夫挾五口，治田百畝計算，收成的糧食，繳十一的稅以後，一年生活下來，錢「不足四百五十。不幸疾病死喪之費，及上賦歛，又未與此。」（漢書食貨志）一夫種田百畝，不足以養活五口之家，其困苦正如孟子所說：「今也制民之產，仰不足以事父母，俯不足以畜妻子，樂歲終身苦，凶年不免於死亡。」（孟子梁惠王上）以農耕為業，既然無法生活，不是改行就是轉徙他鄉求生。人民此時再也不能像西周時，安居而且樂業了。

農業不得不改革，於是有李悝為魏文侯作盡地力之教，商鞅為秦孝公壞井田，開阡陌，急耕戰之賞。諸侯國君尚且患貧，何況是庶人，所以春秋以後，商業鼎盛。

春秋時大商人有陶朱公范蠡，孔門弟子有子貢，能與國君分庭抗禮。而商人弦高，更能解鄭國之危，成為千古美談。其他鄭國商人還計劃將被楚俘虜的晉將荀罃，偷渡回來。（事見左傳成公三年）。商人的地位與能力，已不可忽視。

商旅集中地，就成都市。像齊的臨淄，蘇秦形容為：

「臨淄甚富而實，其民無不吹竽鼓瑟，擊筑彈琴，鬬鷄走犬，六博蹹踘者。臨淄之途，車轂擊，人肩摩，連衽成帷，舉袂成幕，揮汗成雨，家敦而富，志高而揚。」（戰國策齊策一）

商人集中的都市，有了闤市之征，這大可增加國君財富。

政治的崩潰，社會的解體，經濟的變動，在在影響了那個時代，更影響了人心。一切舊有的傳統，面臨考驗，迫使人的思想另謀出路，以求徹底解決之道。思想界於是展現出一片欣欣向榮的蓬勃朝氣，大家各憑才智，放言高論，進入了處士橫議的階段。

第三章　積弱的韓國

王充在論衡中說：「韓國不小弱，法度不壞廢，則韓非之書不爲。」（對作篇）韓非是韓的宗室，時代的動盪，思想的複雜，國家的處境，在在令韓非亟思爲國謀一出路，其著書實卽以此爲首一目標。旣是爲韓設想，就不得不對韓國做一概略瞭解，才能進而論其思想的適合與否。

第一節　歷史背景

「韓之先，與周同姓，姓姬氏。其後苗裔事晉，得封於韓原，曰韓武子。武子後三世有韓厥。從封姓爲韓氏，……號曰獻子。」（史記韓世家）韓原爲姬姓，因封於韓原而改姓韓。

韓厥在晉楚邲之戰時爲司馬（左傳宣公十二年）。晉齊鞌之戰時，仍爲司馬。此役，韓厥追上齊侯的車，虜了齊侯的車右逢丑父，立了大功（左傳成公二年），受命爲卿（左傳成公三年）。後又受命「將新中軍，且爲僕大夫。」（左傳成公六年）晉國有趙氏之亂，韓厥爲趙的後代趙武講情，晉君遂立趙武（左傳成公八年）。晉秦厤隧之戰（左傳成公十三年）與晉楚鄭鄢陵之戰（左傳成公十六年），韓厥將下軍。鄢陵之役，原可追及鄭伯，但因爲「不可以再辱國君，乃止。」（左傳成公十六年）晉悼公七年韓厥告老。因長子有廢疾，晉立其次子韓起，即韓宣子。

韓起聘于周，應答有禮，周天子說：「韓氏其昌阜於晉乎，辭不失舊。」（左傳襄公二十六年）吳公子季札到晉，「說趙文子，韓宣子、魏獻子，曰：晉國其萃於三族乎！」（左傳襄公二十九年）晉平公十六年，韓宣子爲政。晉平公十八年，韓宣子出使魯、齊、衞三國。在魯「觀書於太史氏，見易象與魯春秋，曰：周禮盡在魯矣。吾乃今知周公之德，與周之所以王也。」（左傳昭公二年）齊國晏嬰則稱美宣子爲君子。

韓厥是晉功臣，有多次戰功。戰勝而不逼迫俘虜齊鄭兩國國君，是知禮；保存趙氏後裔更可稱道。其子韓宣子，「好仁」（左傳襄公七年），應答有禮，主持國政，知進退取捨。無怪周天子、季札、晏子對他讚美有加，亦因而知道韓姓將來必然昌盛於晉。

韓姓的力量此時已經不小。楚臣薳啓彊就說：「韓賦七邑，皆成縣也。」（左傳昭公五年）成縣是大縣，可能不只百里方圓。（左傳會箋竹添光鴻說）。杜預注：「成縣賦百乘者，即是司馬法一成出一乘之制也。」據此，則以方十里爲一成計算，韓氏所屬七邑，所擁有的兵車，已不止七百乘，而接近千乘之君了。

此後韓康子與趙襄子、魏桓子共敗知伯。「分其地，地益大，大於諸侯。」（史記韓世家）終於在韓景侯六年時，與趙魏俱受天子封爲諸侯。並於韓哀侯元年與趙魏三分晉國。此爲韓得國及受封爲諸侯的始末。

第二節　地理環境

韓國所領有土地，「北有鞏洛成皐之固；西有宜陽常阪之塞；東有宛穰洧水；南有陘山；地方千里，帶甲數十萬。」（戰國策韓策蘇秦語）約爲今天陝西東部，河南西北部一帶。韓哀侯滅鄭後，都於新鄭，卽今天河南省新鄭縣。

韓國的北方是趙國、魏國，南方是楚國，東方是齊國，西方是秦國。韓國位置是中原，是天下之中，東西要衝。「韓，天下之咽喉；魏，天下之胸腹。」（戰國策秦策頓弱語）對秦來說：「韓魏臣而天下可圖也。」（同上）宋代蘇轍，就天下形勢論六國失敗的原因，卽在不重視韓魏地理上的戰略位置。他說：

> 「夫秦之所與諸侯爭天下者，不在齊、楚、燕、趙也，而在韓、魏之郊。諸侯之與秦爭天下者，不在齊、楚、燕、趙也，而在韓、魏之野。」（六國論）

韓魏的位置，對齊楚燕趙四國來說，是「塞秦之衝，而蔽山東諸侯。」（同上）但對秦來說，是「韓魏之不亡，秦社稷之憂也。」（戰國策秦策黃歇語）李斯也說：「秦之有韓，若人之有腹心之病也。」（韓非子存韓）

衝要的地位，並沒有給韓國帶來光明的前途，反而因六國利益的不易調和，與秦國强大兵力的壓迫，使合縱連橫兩條路都不得其利，終而國力日弱，國土日削，危如累卵。因爲合縱則無事時，韓國爲他人防守秦國之邊界，有事時受秦國首當其衝的攻擊。連横平時則率先卑躬事秦，戰時則爲秦先驅，結怨諸侯。「韓事秦三十餘年，出則爲扞蔽，入則爲蓆薦，秦特出鋭師，取韓地而隨之（王先愼曰：韓字當在而字下。）怨懸於天下，功歸於强秦。且夫韓入貢職，與郡縣無異也。……夫韓，小國也，而以應天下四擊，主辱臣苦，上下相與同憂久矣。」（韓非子存韓）

當韓背秦，助諸侯攻秦時，諸侯兵敗，遂又共割韓地向秦謝罪。「先時五諸侯共伐秦，韓反與諸侯先爲鴈行，以嚮秦軍於關下矣，諸侯兵困力極，無奈何，諸侯兵罷。杜倉相秦，起兵發將，以報天下之怨，而先攻荆。荆令尹患之，曰：『夫韓以秦爲不義，而與秦兄弟，共苦天下。已又背秦先爲鴈行以攻關，韓則居中國，展轉不可知。』天下共割韓上地十城以謝秦，解其兵。」（同上）

韓的處境實在可憐，所以韓非極力主張不用縱横家言，而努力自强。他說：「治强不可責於外，內政之有也。今不行法術於內，而事智於外，則不至於治强矣。」（五蠹）

第三節　外患與內憂

先言外患。

韓立國後，在哀侯二年時滅鄭。昭侯八年申不害爲相，二十二年申不害死，在此期間，因爲申不害「修術行道，國內以治，諸侯不來侵伐。」（史記韓世家）此外，韓一直受外患侵擾，敗軍喪地。而秦昭襄王之死，韓桓惠王竟「衰絰，入弔祠」（史記秦本紀），韓之積弱可想而知。

次言內憂。

韓受外患如此之深，而自振乏力，實由於內憂更深也。韓非以爲韓之內憂有三：

一、國無常法　申不害爲相，內修政教，外應諸侯，終其身國治兵强，無侵韓者，但是申不害只以不完整的術敎昭侯，而未行法治。所以申不害在時尙可防姦，申不害一死，韓又混亂。韓非說：

「韓者，晉之別國也。晉之故法未息，而韓之新法又生；先君之令未收，而後君之令又下。申不害不擅其法，不一其憲令，則姦多。故利在故法前令，則道之，利在新法後令，則道之。利在故新相反，（盧文弨曰：利在二字衍。）前後相悖。則申不害雖十使昭侯用術，而姦臣猶有所譎其辭矣。故託萬乘之勁韓，七十年而不至於霸王者，（顧廣圻曰：七十當作十七。）雖用術於上，法不勤飾於官之患也。」（定法）

法令相悖，姦臣利用漏洞矛盾而行私，有術察姦，猶覺不足，何況後代的國君無術。韓內政必然不修，內政不修，又何以外應强敵？

二、國君不明　韓君大多迷惑於縱橫之言，而不知「修明其法制，執勢以御其臣下，富國强兵。」（史記老莊申韓列傳）同時用人不當，所用與所養相反，只知「求人任賢，反擧浮淫之蠹，而加之於功實之上。……寬則寵名譽之人，急則用介冑之士。」（同上）由於國君不明，所以政策不當，賞罰顚倒，不知用法治來强化內政；不知用法術之士，所以用了無用之人，而姦臣更足以誤國。

三、**權臣專權** 姦臣「順人主之心」（姦刼弒臣），以取得寵信。先是與國君同取舍、同毁譽，進而結黨成私，終而逐漸侵奪君權。這種人一但得權，就「無令而擅爲，虧法以利私，耗國以便家，力能得其君。」（孤憤）權姦當政，必害忠正的法術之士，因爲：「智術之士，明察聽用，且燭重人之陰情。能法之士，勁直聽用，且矯重人之姦行。故智術能法之士用，則貴重之臣，必在繩之外矣。是智法之士，與當塗之人，不可兩存之仇也。」（同上）

司馬遷說韓非見國君用人不當，而且「悲廉直不容於邪枉之臣，觀往者得失之變，故作孤憤、五蠹、內外儲、說林、說難十餘萬言。」（史記老莊申韓列傳）而秦王見孤憤、五蠹之書，大爲嘆賞，可見這些韓國的內憂，也正是別國的問題。程度深淺有不同，而韓國特別嚴重。

韓國地位夾在大國之間，而且與强秦爲鄰，是先天上大缺憾。但若能修明內政，富國强兵，外交上當能自主，而且也不必擔心外患。所謂：「無恃其不來，恃吾有以待也；無恃其不攻，恃吾有所不可攻也。」（孫子九變篇）在複雜而混亂的思想界，韓君不知所從，而又迷惑於縱橫家的外交辭令，當然不會用韓非之流的法術之士。在此情形下，韓非個人的遭遇與心情的憤悶，是可想而知的。

結語

韓非生當亂世，周朝的傳統制度崩潰，沒有新的中心思想建立。學者們面對昏亂的政治，動蕩的社會，蕭條的農業，各逞才智，亟思有以拯救。但是混亂的思想界，不但沒能給當時帶來幸福安定，反而迷惑了領導人的觀念，因而在作法上不倫不類，結果中原文化諸國，反被思想單純，崇尚武力的秦所吞併。

韓非又生在內外交困的韓國，他目睹外患肇因於內政不修，而內政不修是因爲政亂兵弱，這刺激他提出法治的主張。在政治上行法治，確立中心思想，上下共守共行。崇實務力，肅官箴、倡農業、勵戰守，內政修明，人不敢侵。又爲確保法治的推行，敎國君用術，來領導統御臣民。最後達到富國强兵，主安民樂的地步。要瞭解韓非思想，對韓非其人與其處境，不可不首先加以探討，因有本篇之作。

法學部分

第二篇　韓非思想與各家思想的關係

第一章　學術思想勃起的原因

西周初年，制禮作樂，奠定天下文教基礎。東周時期，王室衰弱，諸侯力政，禮義崩墜，學者各騁才智，爭鳴於世，蔚爲盛況。雖然各有所長，甚而彼此相非，但皆針對時弊而發，司馬談論六家要旨說：「易大傳：天下一致而百慮，同歸而殊塗。夫陰陽、儒、墨、名、法、道德，此務爲治者也，直所從言之異路，有省有不省耳。」（史記太史公自序）

何以在此時期，學術思想有如此蓬勃的發展？又有如此複雜的情形？

先秦學術思想勃起，首要原因，即第一篇第二章所論，在於時代的動蕩。由於政治的衰弱，使王官學術廢絕，保氏失守；社會的劇變，使貴族沒落，平民興起；更由於經濟的解體，人心惶惶，急求有以解決之道。種種因素的促成，遂使許多大思想家應運而生。有的授徒講學、有的羣居講論，推波助瀾，蔚成風氣。前者像孔子、墨子；後者像齊國稷下學士皆是。

古代學術，掌於官府，世代相傳，官師不分，政教合一，民間並無著述。章學誠說：

「古無文字，結繩以治，易之書契，聖人明其用曰：『百官以治，萬民以察。』……理大物博，不可殫也。聖人為之立官分守，而文字亦從而紀焉。有官斯有法，故法具於官。有法斯有書，故官守其書。有書斯有學，故師傳其學。有學斯有業，故弟子習其業。官守學業，皆出於一，而天下以同文為治，故私門無著述文字。」（校讎通義原道）

古代學術皆具備於典禮之中，典章制度，就是學的內容和教的教材。史記曆書有「疇人子弟分散」的話，裴駰集解引如淳曰：「家業世世相傳爲疇。律：年二十三傳之。疇官各從其父學。」子弟從父學，成爲家業，世代相傳。

周室東遷，朝廷亂弱，王官失守，保氏廢絕。左傳昭公十七年，仲尼說：「天子失官，學在四夷。」而一些大人也普遍的不再悅於求學，左傳昭公十八年，記周大夫原伯魯，不悅學，閔子馬感嘆說：「周其亂乎！夫必多有是說，而後及其大人。……夫學殖也，不學將落。」

王室學術衰落，王官遂分散在四方諸侯。即以史官爲例：

老子原爲「周守藏室之史也。……居周久之，見周之衰，迺遂去至關。」（史記老莊申韓列傳）

據司馬遷太史公自序中說：「司馬氏世典周史，惠襄之間，司馬氏去周適晉。晉中軍隨會奔秦，而司馬氏入少梁。自司馬氏去周適晉，分散或在衞、或在趙、或在秦。」這是周天子屬下史官分散到各諸侯國的情形。

孔子原也是宋國貴族，家道沒落而居魯，設教講學，有教無類，推廣並擴展了學術的領域，受教的人，有貴族也有平民。從此，學術不專在王室。而且：

「自孔子卒後，七十子之徒，散遊諸侯，大者為師傅卿相，小者友教士大夫，或隱而不見。故子路居衛，子張居陳，澹臺子羽居楚，子夏居西河，子貢終於齊。如田子方、段干木、吳起、禽滑釐之屬，皆受業於子夏之倫，為王者師。」（史記儒林傳）

學術至此，更降而存在於私家。

私家的弟子，才學好的，可以上升爲王者師，這說明貴族因不好學而沒落，相對的，平民因有學識而興起。自此，平民不再只知道苦苦的種田，也知道求知，來干求世主，另謀出路。而諸侯國君，在現實環境壓迫下，不得不起用有才智的平民，來應付內憂外患，於是有了布衣卿相。這兩方面是相輔相成的，卽學術知識的逐漸普及，促成國君重用貴族以外的平民；而平民可以爲卿相，更鼓勵大家求知識，棄農從政，學術因而大盛。

茲再言其複雜的原因。

由於周王室舊禮敎、舊傳統的崩壞，新觀念、新制度尚未建立，人的思想得以毫無拘束的自由發揮。王官所掌各有不同，其所傳授者亦有分別，學者遂可以自由求學，自由思想，自由立論，諸子之學紛歧而複雜卽在於此。當時環境亦有促成的力量。班固說：

「諸侯力政，時君世主，好惡殊方，是以九家之說，蠭出竝作，各引一端，崇其所善，以此馳說，取合諸侯。其言雖殊，辟猶水火，相滅亦相生也。」（漢書藝文志諸子略）

複雜的思想界，在韓非認為，影響當時國君觀念最大的，要屬儒家、墨家、縱橫家和法家。韓非更認為儒家、墨家和縱橫家的思想，對國君的統治有極不利的影響。偏偏這三家思想又盛極一時，而韓非認為眞正有助於治國的法家思想卻不被當時國君重視。

面對複雜的思想界，韓非的態度與作法是：對混淆國君視聽與觀念的儒、墨、縱橫之流的學者，有極嚴厲的批評；對法家思想則極力的闡揚。

第二章　韓非思想與各家關係

第一節　韓非與儒家（附名家）

韓非與儒家的關係，簡單的說，是：師承於儒家大師荀卿。儒家尚賢隆禮重德，韓非則重勢任法用術。他對儒家思想，或取名變質，或變本加厲，甚或大肆攻擊，終而勢不兩立。

在基本觀點上，孔孟尊崇先王，言必稱堯舜。荀子則師法後王，他說：

「聖王有百，吾孰法焉？故曰：文久而息，節族久而絕，（郝懿行曰：節族即節奏。）守法數之有司，極禮而褫，（俞樾曰：禮字衍文。）故曰：欲觀聖王之跡，則於其粲然者矣，後王是也。彼後王者，天下之君也。舍後王而道上古，譬之是猶舍己之君而事人之君也。」（荀子非相）

韓非「聖人議多少，論薄厚，爲之政。故罰薄不爲慈，誅嚴不爲戾，稱俗而行也。故事因於世，而備適於事」（五蠹）的主張，不能說不是受了荀子影響而又變本加厲的結果。

孔子言性相近習相遠（見論語陽貨），孟子道性善，以爲人皆有仁義禮智四端（見孟子公孫丑，告子諸篇）。荀子在性惡篇則說：

「人之性惡，其善者僞也。今人之性，生而有好利焉，順是，故爭奪生而辭讓亡焉。生而有疾惡焉，順是，故殘賊生而忠信亡焉。生而有耳目之欲，有好聲色焉，順是，故淫亂生而禮義文理亡焉。然則從人之性，順人之情，必出於爭奪，合於犯分亂理，而歸於暴，故必將有師法之化，禮義之道，然後出於辭讓，合於文理，而歸於治。用此觀之，然則人之性惡明矣，其善者僞也。」

孔孟荀對性的善惡，雖有不同的觀點，但都主張用學和修的教育工夫，以道德禮義，導人於正道而臻於至善。而韓非則承襲荀子性惡論，以爲人皆自私自利，卽父母子女夫婦之間亦然。韓非說：

「且父母之於子也，產男則相賀，產女則殺之，此俱出父母之懷衽，然男子受賀，女子殺之者，慮其後便，計之長利也。故父母之於子也，猶用計算之心以相待也，而況無父子之澤乎。」(六反)

韓非針對此一情形，不用儒家的教育方法誘導人，而變本加厲的以法治整齊人，此又受於儒而背於儒的地方。

在政治作法上，儒家講正名定分。「子路曰：『衞君待子而爲政，子將奚先？』子曰：『必也正名乎！』……子曰：『……名不正則言不順，言不順則事不成，事不成則禮樂不興，禮樂不興則刑罰不中，刑罰不中則民無所措手足。故君子名之必可言也，言之必可行也。君子於其言，無所苟而已矣。』」（論語子路）齊景公問政於孔子，孔子對以「君君、臣臣、父父、子子。」（論語顏淵）其意仍在正名定分。莊子稱春秋一書說：「春秋以道名分。」（莊子天下）貶天子，退諸侯的春秋大義卽在正名定分。荀子有正名的篇章，王制有定分的理論。韓非重勢尊君，君臣的名位，上下的分際，更是不能不嚴明。但是儒家以禮來正名定分，而韓非則以法，此其不同處。

墨家、名家也都有正名的理論，但是大多在學理上精辨名實，以運用於邏輯、形上或詭辯為主。而韓非則將名實的相符與否，運用在政治上，作為國君治國的一大重點。國君對臣下凡事都經過參伍而責求名實與言事的相符，這是不同於墨家、名家之處，也是在儒家正名定分以外的引申發揮，而更具有極大的政治作用。

孔子說：「無為而治者，其舜也與！夫何為哉，恭己正南面而已矣。」（論語衛靈公）老子說：「不尚賢，使民不爭；不貴難得之貨，使民不為盜；不見可欲，使民心不亂。是以聖人之治：虛其心，實其腹；弱其志、強其骨；常使無知無欲，使夫智者不敢為也。為無為，則無不治。」（王弼本老子第三章）孔子稱美舜的無為而治，是舜居領導人的地位，能恭己正南面，是「君子之德風，小人之德草，草上之風必偃」（論語顏淵）的德化普被於民。儒家贊成無為，是贊成領導人以德化民令民自正，在所謂「政者正也，子率以正，孰敢不正？」（同上）的情形下所得到的無為。道家的無為，則是去除知識、欲望後，一切返於自然的不需要再有任何作為的無為。

韓非也講無為，但與儒道的無為都不同，他主張國君無為而臣下有為。「明君無為於上，羣臣竦懼乎下」（主道），這說明國君為了防姦要無為，是把無為作術用（參閱第五篇第一章第四節和第四章第四節）。國君要治國，必須行法治，行法治則一切以法為準，責求臣下有為，以達到無為而治的理想（參閱第四篇第五章第二節）。至於臣下的有為，當一切以法為準，遵循無改、無偏，大家「各處其宜，故上下無爲。」（揚權）準此而論，韓非的無爲和孔子、老子的無爲，只是名同而其實則異。

韓非有取於儒家的部分，已略如前述，但他和儒家的關係並不只此。韓非子全書中批評儒家的地方最多，這一方面的關係，擇要在本篇第三章第一節中說明，請參看。

第二節　韓非與道家

司馬遷說韓非「喜刑名法術之學，而其歸本於黃老。」（史記老莊申韓列傳）韓非的法家之學，的確有取於部分道家思想，而結果也正如有取於儒家一樣，有的是變本加厲，有的是襲其名而變其質，也有時借老子之言，立自己之說，如解老，喻老兩篇卽是。

在基本觀點上，道家重視「道」。「有物混成，先天地生，寂兮寥兮，獨立不改，周行而不殆，可以爲天下母。吾不知其名，字之曰道。」（老子二十五章）又說：「故失道而後德，失德而後仁，失仁而後義，失義而後禮。夫禮者，忠信之薄而亂之首。」（老子三十八章）而「人法地，地法天，天法道，道法自然。」（老子二十五章）順自然，順天道，是正常，是理想，是治國「圖難於其易，爲大於其細」（老子六十三章）的所謂「易道」。這個易道就是「以輔萬物之自然而不敢爲。」（老子六十四章）韓非將老子此一方面，運用到立法要因天道自然上，大體篇是一明證。（參閱第四篇第三章第一節）老子對禮尚且認爲是忠信之薄而亂之首，欲使人復返於天道自然的無爲，韓非則變本加厲，不返本而趨末，厲行法治，却又利用了順自然法天道的觀念去立法，這是有取於道家而又不同於道家處。

韓非常借用老子之言，引申發揮而創建自己學說，雖仍用其名，但其實質已異。老子言虛，言靜說：

「致虛極，守靜篤。萬物並作，吾以觀復。夫物芸芸，各復歸其根。歸根曰靜，是謂復命，復命曰常。知常曰明，不知常，妄作凶。知常容，容乃公，公乃王，王乃天，天乃道，道乃久，沒身不殆。」（老子十六章）

「重為輕根，靜為躁君。是以聖人終日行，不離輜重。雖有榮觀，燕處超然，奈何萬乘之主而以身輕天下？輕則失本，躁則失君。」（老子二十六章）

此言虛靜以領導天下。

領導天下皆歸於自然之正，其言曰：

「不欲以靜，天下將自定。」（老子三十七章）

「清靜為天下正。」（老子四十五章）

「故聖人云：我無為而民自化，我好靜而民自正，我無事而民自富，我無欲而民自樸。」（老子五十七章）

韓非主張國君虛靜，「去喜去惡，虛心以爲道舍」（揚權），「不離位曰靜」（喻老），國君去好惡去智巧，無爲無思，虛心居位，是虛靜，此可謂得之於老子。但是韓非要國君虛靜，不是爲了導天下同歸於虛靜自然的境界，而是一種術、一種治國的手段。其眞正目的是：

「虛靜以待令，（梁啓雄曰：令字似衍。）令名自命也，令事自定也。虛則知實之情，靜則知動者正，（俞樾曰：知當作為。）有言者自為名，有事者自為形，形名參同，君乃無事焉，歸之其情。」（主道）

國君虛靜是爲了「以闇見疵」（同上），爲了「以參合閱焉」（同上），使臣下奉公守法。而「聖人執一以靜」（揚權），所執的一是「法」。要求臣下作到「順上之爲，從主之法，虛心以待令，而無是非也。」（有度）臣下的虛靜不是無所爲，而是順上之爲，從主之法，而又無主觀的是非。既然一切言行要順上從主，要待令無是非，所以也不必要有聖賢的智慧和仁義的言行，這又是得之於老子。

「不尚賢，使民不爭；……常使無知無欲，使夫智者不敢為也。……」（老子第三章）

「大道廢，有仁義；慧智出，有大偽；六親不合，有孝慈；國家昏亂，有忠臣。」（老子十八章）

「絶聖棄智，民利百倍；絶仁棄義，民復孝慈；絶巧棄利，盜賊無有。……」（老子十九章）

「古之善為道者，非以明民，將以愚之，民之難治，以其智多。故以智治國，國之賊；不以智治國，國之福。……」（老子六十五章）

老子認爲：仁義都是反乎大道以後，尙賢用智所造出來的產物，有了這些產物，遂生出聖哲賢愚大小高下種種區別，因而更形混亂。爲了歸眞返樸，合於自然，當然要去賢、去智、去仁義，去一切人爲不自然的東西。但是韓非却基於仁義已不合當時治國的實情，而且有害於法治的理由，反對仁義；又基於賢智的不容於君勢，而且賢智的人會虛言議法的理由，非薄賢智。他和老子雖然都反對賢智仁義，但是出發點和目的均有不同。

政治上反對仁義，必不用仁義，取代的則是術。術是領導統御的技術，也有權術的意味在內。梁啓超氏卽謂老學中有權謀一派，乃是老學最毒天下者。他說：「將以愚民，非以明民；將欲取之，必先與之；此爲老學入世之本。故縱橫家言，實出於是。而法家者流，亦利用此術。韓非子有解老等篇。史公以老韓合傳，最得眞相。此派極盛於戰國之末。」（中國學術思想變遷之大勢）

江瑔氏於讀子卮言一書，論道家爲百家所從出一章，亦主此論。江氏以爲：道家之學，乃最善忍者。不好名、不尙賢、不貴難得之貨、不見可欲，非極善忍者斷不能爲此。大凡能忍天下所不能忍者，其心又必極殘忍。申韓宗之，一變道德而爲刻薄寡恩之行，而法家以立。江氏更謂忍有二義：一曰堅忍，一曰殘忍。大抵能堅忍者，性多殘忍；性殘忍者，亦善於堅忍。並引清人魏祥的話說：忍者必陰，性陰者必毒。

說老子殘忍，雖不免太過分，但是「將欲歙之，必固張之；將欲弱之，必固强之；將欲廢之，必固與之；將欲奪之，必固與之。是謂微明」（老子三十六章）之類的理論，自某些角度看，難免予人以由柔弱變陰險的感覺。老子常言「水」，水之爲物，極其謙柔，但也最爲堅强，柔則能左能右，隨遇而變；强則穿山破谷，莫之能禦，這就是「夫唯不爭，故天下莫能與之爭」（老子二十二章）。由此看來，道法兩家在精神上實有相通之處。老子的觀念，在有心人運用變化以後，不難走上權術一途，試看韓非的用術，應當是有取於老子這一方面的觀念。

第三節 韓非與墨家

韓非與名家關係，主要在正名實上，此一部分和墨家的名學，均已附論於第一節，此不多贅。墨子言尚同，因爲：「古者民始生，未有刑政之時，蓋其語人異義，是以一人則一義，二人則二義，十人則十義，其人玆衆，其所謂義者亦玆衆。是以人是其義，以非人之義，故交相非也。」（墨子尙同上）因爲人各異義，而且都自是而非人，相非則爭，爭則亂，爲了止亂要同於一。又說：

「古者聖王，唯而審以尚同，以為正長，是故上下情請為通。上有隱事遺利，下得而利之；下有蓄怨積害，上得而除之。是以數千萬里之外，有為善者，其室人未徧知，鄉里未徧聞，天子得而賞之。數千萬里之外，有為不善者，其室人未徧知，鄉里未徧聞，天子得而罰之。是以舉天下之人，皆恐懼振動惕慄，不敢為淫暴，曰：天子之視聽也神。先王之言曰：非神也，夫唯能使人之耳目，助己視聽；使人之吻，助己言談；使人之心，助己思慮；使人之股肱，助己動作。助之視聽者衆，則其所聞見者遠矣；助之言談者衆，則其德音之所撫循者博矣；助之思慮者衆，則其談謀度速得矣；助之動作者衆，卽其擧事速成矣。故古者聖人之所以濟事成功，垂名於後世者，無他故異物焉，曰：唯能以尚同為政者也。」（墨子尚同中）

爲政而能尚同，乃克成功。而尚同的方法在令天下人都爲國君視聽思慮言動，如此則「天子之視聽也神」（同上）。韓非的法治，在齊一人民的是非，是同於墨子的，法治又能使天下人必然爲國君視聽，使「國君身在深宮之中，而明照四海之內，而天下弗能蔽弗能欺」（姦刼弑臣），也可以說是有取於墨子的觀念。但二人不同之點在：韓非只求尚同於國君，墨子則以爲不足，而希望尚同於天，因爲天志愛人，順天意才是義政。

第四節　韓非與兵家

戰國是爭戰的時代，兵連禍結，非兵無以求存，非戰無以獲利，所以韓非的法治思想是：重農以厚植國力，强兵以求生存。他在五蠹篇中感慨的說：

「今境內之民皆言治，藏管商之法者家有之，而國愈貧，言耕者衆，執耒者寡也。境內皆言兵，藏孫吳之書者家有之，而兵愈弱，言戰者多，被甲者少也。」

以兵家的孫吳言戰之書和法家的管商言治之法並擧，可見韓非對兵事的重視，而二家之間的關係也於此可以略見。

韓非在戰爭頻繁的時代，客觀環境迫使他不能不重視兵家的作戰思想。但是主要的關鍵在於他們有共同的體認：要强兵必先强國。孫子謀攻篇說：

「是故百戰百勝，非善之善者也，不戰而屈人之兵，善之善者也。……故善用兵者，屈人之兵而非戰也，拔人之城而非攻也，毀人之國而非久也，必以全爭於天下。故兵不頓而利可全。」

善戰者不用兵，而以全爭於天下，這就是打國力的總體戰，在政治、經濟、軍事各方面作戰以求全勝。又說：

「昔之善戰者，先為不可勝，以待敵之可勝。不可勝在己，可勝在敵。」（孫子形篇）

「故用兵之法，無恃其不來，恃吾有以待也；無恃其不攻，恃吾有所不可攻也。」（孫子九變）

自己不可勝的條件，恃吾有以待的信心，都產生於强大國力的基礎上。

韓非則說：

「王者能攻人者也，而安則不可攻也；強則能攻人者也，治則不可攻也。治強不可責於外，內政之有也。……嚴其境內之治，明其法禁，必其賞罰，盡其地力，以多其積。致其民死，以堅其城守。天下得其地則其利少，攻其國則其傷大，萬乘之國莫敢自頓於堅城之下，而使強敵裁其弊也。此必不亡之術也。」（五蠹）

韓非的這種觀點，正是他和兵家一致的地方。也就是兵家吳起在治國時所採用「明法審令，捐不急之官，廢公族疏遠者，以撫養戰鬥之士，要在彊兵，破馳說之言從橫者」（史記孫子吳起列傳）

的辦法，近於法家作風緣故。至於行軍作戰之際，令出不二，紀律嚴明，信賞必罰的作法，更是法家所一貫採取的。

第三章 韓非對各家思想的批評

讀一人正面的論述文字，固然可以直接瞭解其思想，但反面的破舊說，論別派的批評文字，也有助於瞭解其思想，因爲破舊攻人的本身，即是自己立新說的起點。故先略論韓非對當時頗有力量，又甚受當時歡迎的儒家，墨家、道家、縱橫家四派思想的批評。

第一節 韓非對儒家的批評

儒家思想以孔子爲宗主，韓非說：「儒之所至，孔丘也。……自孔子之死也，有子張之儒、有子思之儒、有顏氏之儒、有孟氏之儒、有漆雕氏之儒、有仲良氏之儒，有孫氏之儒、有樂正氏之儒。」（顯學）這八家儒學，各有所長短輕重，韓非說他們彼此之間「取舍相反不同」（同上）。

孔門弟子，原本各有專精，所謂：「德行：顏淵、閔子騫、冉伯牛、仲弓。言語：宰我、子貢。政事：冉有、季路。文學：子游、子夏。」（論語先進）孔子已有四科的分別。孟子弟子公孫丑也說：「昔者竊聞之：子夏、子游、子張，皆有聖人之一體。冉牛、閔子、顏淵，則具體而微。」（孟子公孫丑上）荀子非十二子篇也說到子張氏、子夏氏、子游氏之賤儒。這說明孔子弟子，同爲儒家者流，因學力與專攻的不同，都不及孔子。而到韓非時期，更有了八派的分歧。

這八派「取捨相反不同」（顯學），但他們都自稱是眞正孔子之學。韓非認爲孔子不能復生，難以斷定孰是孰非，因而迷惑了世人的觀念，不知所從。甚至孔子是否能眞正代表堯舜之道，韓非都抱懷疑的態度。因爲堯舜時代久遠，堯舜又不能復生，所以同樣以堯舜爲標榜的儒墨兩家，究竟那一家可以代表堯舜之道，也不敢肯定。而當時儒墨之徒却自認爲是眞正孔子墨子之道，韓非於是一律以「愚誣之學，雜反之行」（同上）視之。這是韓非反對儒家的第一個主要理由。

「今世儒者之說人主，不言今之所以爲治，而語已治之功；不審官法之事，不察奸邪之情，而皆道上古之傳譽，先王之成功。儒者飾辭曰：『聽吾言則可以霸王』，此說者之巫祝，有道之主不受也。」（顯學）儒家之流，所稱道的是上古的傳譽和先王成功的事例，而不顧當時的實際情形。在抱着演變歷史觀的韓非認爲：「上古競於道德，中世逐於智謀，當今爭於氣力。」（五蠹）以當前爭於氣力的時代，拿出上古競於道德的治術，韓非譏諷爲宋人守株待兔般的可笑。眞正該有的態度是：「世異則事異，……事異則備變。」（同上）這是韓非反對儒家的第二個主要理由。

當時儒者，尊崇先王，倡仁義之道。韓非則認爲：以仁義治民，靠愛心，以愛民爲主。但是君臣、君民之間，親愛的程度，不可能超過父母子女之間。慈愛的父母未必能管教得好子女，而官府嚴刑則必然能約束人的過失。韓非在五蠹篇說：「父母之愛，不足以教子，必待州部之嚴刑者，民固驕於愛聽於威矣。」所以以愛心仁義治民，是行不通的。

再者，「民固服於勢，寡能懷於義。」（五蠹）因此，心悅誠服孔子仁義的，只有七十二人，而魯哀公一位下主，却能臣服境內所有百姓。韓非根據這一事實，批評當時儒者說：「今學者之說人主也，不乘必勝之勢，而曰務行仁義則可以王，是求人主之必及仲尼，而以世之凡民皆如列徒，此必不得之數也。」（同上）要求所有國君都像仲尼一樣的仁義賢智，要求世上人民都像七十二弟子一樣的服於仁義賢智，在韓非認爲都是不太可能的。

以仁義愛心治民，實際的作法有時是：「與貧窮地，以實無資」（顯學）。韓非則認爲這種作法只是造成不平，並使人民不再努力耕作。因爲，在正常情形下，能安定生活的，必是努力與勤儉的人；反之，貧窮的人，必是奢侈而懶惰。所以主張周濟貧窮的做法，是「徵斂於富人，以布施於貧家，是奪力儉而與侈惰也。而欲索民之疾作而節用，不可得也。」（同上）人民不再盡力於耕作，則國家無法富强，不富强則不足以生存，因爲當時是爭於氣力的時代。儒家主張仁義愛心爲政，是韓非反對儒家的第三個主要理由。

以上謹就儒家本身派別分歧，難定眞僞；稱道古事，難以論今；倡行仁義，不足爲治三方面略論韓非反對儒家的觀點。至於反對賢智治國方面，請參閱第三篇第三四兩章。

第二節　韓非對墨家的批評

墨家之流，荀子非十二子篇，列墨翟、宋鈃爲一派，莊子天下篇論墨家有墨子、禽滑釐。其後則有「相里勤之弟子，五侯之徒。南方之墨者，苦獲、己齒、鄧陵子之屬。俱誦墨經，而倍譎不同，相謂別墨。」（莊子天下）韓非則分之爲三派：「有相里氏之墨，有相夫氏之墨，有鄧陵氏之墨。」（顯學）

墨家在韓非之時，也是派別分歧，主張和態度上「取舍相反，不同」（顯學），「倍譎不同，相謂別墨」（莊子天下）。但他們都自認爲是墨子眞傳。而墨子也自謂眞堯舜，但又和孔子不同，「孔子，墨子俱道堯舜，而取舍不同，皆自謂眞堯舜。」（顯學）究竟孰是孰非，和儒家一樣，難以斷定。既難斷定，墨家之流却「明據先王，必定堯舜」（同上），韓非也視之爲「愚誣之學，雜反之行。」（同上）

「儒墨皆稱先王兼愛天下，則視民如父母。」（五蠹）墨子學說重點在闡揚兼相愛之心。因爲聖人治天下，要先知亂從何而起，墨子認爲亂是由於「起不相愛」（墨子兼愛上）。若教人能愛人如愛己，則天下無亂事。天下相攻，在於不義，虧人而自利就是不義。何以會虧人而自利？因爲無愛人之心，所以墨子非攻，亦是由兼愛而生。倡導愛心，韓非認爲是先王之道，不合時代需要，正與儒家相同。而以仁惠愛心治國，行不通的情形，前在論儒家一節已有說明。墨家倡兼愛，在韓非認爲和儒家倡仁義的結果一樣。

儒家主張賢人政治，期望國君都是堯舜。「夫欲追速致遠，不知任王良，欲進利除害，不知任賢能此則不知類之患也。夫堯舜亦治民之王良也。」（難勢）墨家主張尙賢才能使國家富强，而一般王公大人，却不能以尙賢事能爲政。墨子說：「國有賢良之士衆，則國家之治厚；賢良之士寡，則國家之治薄。故大人之務，將在於衆賢而已。」（尙賢上）韓非主張以法治代替人治，因爲一則賢人不是代代都有，再則人民情性多私，不易改變；三則人治往往感情用事，易爲姦人所乘。所以儒墨尙賢，是韓非所反對的。

墨家的宋榮子之流，「設不鬥爭，取不隨仇，不羞囹圄，見侮不辱。」（顯學）不隨仇，因爲他們不鬥爭；不鬥爭，因爲他們非攻。不鬥爭還因爲見侮不以爲辱，所以也不羞囹圄，卽不以國法所加於身認爲是辱，更不與暴君之法令爭强。這種人不是守法，而是隨和得使法對他們無意義。韓非所主張的賞罰是一種鼓勵與一種警戒，當人不把警戒當一回事，那法也就加之無用了。法不能打動人心，改變言行，就不成其爲法，這種破壞法治的人，韓非那能容他！

第三節　韓非對道家的批評

韓非思想受儒道兩家影響最大。荀卿是他的老師，儒家更是當時的顯學；韓非治國方略中的法術，却頗有取於道家，而術得於道家者爲尤多。韓非雖然有取於兩家，但他對儒家攻擊最多最力，對道家不但很少批評，反而有解老，喻老的闡釋，相形之下，他對道家的態度是遠勝於儒家的。

韓非對道家的不少觀點，是加以修正後才運用在自己的學說中，那些吸收而又不同的地方，本身就可以說是一種批評。像虛靜無爲，返於自然的境界，就不是韓非所完全同意的。老子認爲「禮」是「忠信之薄而亂之首」（老子第三十八章），韓非則在師承荀子隆禮的主張之後，更變本加厲的主張用法，顯然與老子的觀點也同樣背道而馳。不過在這些方面，韓非並未以對儒家的攻擊態度施於道家，這是他對道家的態度比較緩和的表現。

老子在虛靜無爲，返於自然的過程中，主張「恍惚」、「恬淡」。老子說：

「視之不見名曰夷，聽之不聞名曰希，搏之不得名曰微，此三者不可致詰，故混而為一。其上不皦，其下不昧，繩繩不可名，復歸於無物。是謂無狀之狀，無物之象，是謂恍惚。」（老子第十四章）

又說：

「孔德之容，惟道是從。道之為物，惟恍惟惚。惚兮恍兮，其中有象；恍兮惚兮，其中有物；窈兮冥兮，其中有精；其精甚真，其中有信。」（老子第二十一章）

老子的恍惚，是「無狀之狀，無物之象」，而恍惚中又「其中有象」、「其中有物」，這對一般人而言，是頗爲玄虛，不易瞭解的。

老子論恬談說：「夫佳兵者不祥之器，物或惡之，故有道者不處。……兵者不祥之器，非君子之器，不得已而用之。恬淡爲上，勝而不美。而美之者，是樂殺人。夫樂殺人者，則不可以得志於天下矣。」（老子第三十一章）這是反對兵事，認爲是不祥之器，不得已才能用。用兵而得勝，也不是美事，認爲是美事的人，必好殺人，好殺人的人，不能成大功。反對兵事，因此老子主張恬淡，能不戰最好，因爲戰是凶事，凶事不應該多從事。這種觀念在多戰的戰國時代，顯然不容易被接受，事實上也沒有被接受。道家未能成爲顯學，或許和「恍惚」的不被人瞭解，「恬淡」以及兵凶戰危之論的不被人接受有關。

一切以積極的態度參與，一切以現實的環境設想的韓非，對這種恍惚、恬淡的理論的不能接受、不願鼓吹是必然的。他在忠孝篇中對「恍惚之言」、「恬淡之學」都表示了反對的意見，因爲這些有害於法治。

第四節　韓非對縱横家的批評

縱横家，韓非在五蠹篇中，稱之爲「言談者」。縱横家因時應運而生，蘇秦倡合縱，六國聯合抗秦，所謂：「從者：合衆弱以攻一强也。」（五蠹）其好處是：「從成必霸」（忠孝）。張儀言連横，六國分別事秦，所謂：「衡者：事一强以攻衆弱也。」（五蠹）其好處是：「横成必王」（忠孝）。

縱横家多爲權變之士，應時救急，憑口舌陳利害。他們的態度是：「不知道之可信，而樂於說之易合，其設心注意，偷爲一切之計而已。故論詐之便而諱其敗，言戰之善而蔽其患。」（曾鞏戰國策目錄序）沒有原則，只求能權變救急於一時。班固說：「及邪人爲之，則上詐諼而棄其信。」（漢書藝文志）司馬遷更稱蘇秦、張儀爲「傾危之士」（史記張儀列傳）。

合縱的辦法是：「不救小而伐大，則失天下。失天下則國危，國危而主卑。」（五蠹）連橫的辦法則是：「不事大，則遇敵受禍矣。」（同上）因救小而去伐大，未必有利；而事大必要削地稱臣，更是失利。因此韓非認爲：「事大爲衡，未見其利也，而亡地亂政矣。……救小爲從，未見其利，而亡地敗軍矣。」（同上）這證明合縱連橫對國家毫無利益可言，想因此而成霸成王更是不可能。所以縱橫家的話是：「虛言非所以成治」（忠孝）。

得利的只有那些主張縱橫的言談者，他們「外使諸侯，內耗其國，伺其危險之陂（王先愼曰：陂當作際。），以恐其主，曰：交非我不親，怨非我不解。」（有度）手段雖不高明，但在此情形下，國君大多聽信他們，使得這些縱橫家自己得了大利：「事強，則以外權士官於內；救小，則以內重求利於外。國利未立，封土厚祿至矣；主上雖卑，人臣尊矣；國地雖削，私家富矣。事成，則以權長重；事敗，則以富退處。」（五蠹）韓非認爲這種「僞設詐稱，借於外力，以成其私，而遺社稷之利」（同上）的人，實在是國家之蠹。韓國所受合縱連橫之害，俱見韓非子存韓篇。

結語

儒墨兩家，韓非稱之爲「顯學」，可見當時勢力之大，他們「藏書策，習談論，聚徒役，服文學而議說。」（顯學）當時國君對之敬禮有加，因爲：「敬賢士，先王之道也。」（同上）雖然儒墨兩家是愚誣之學，是雜反之行，但是國君却兼容並蓄，一律加以禮遇。韓非舉例說：

「墨者之葬也，冬日冬服，夏日夏服，桐棺三寸，服喪三月，世主以為儉而禮之。儒者破家而葬，服喪三年，大毀扶杖，世主以為孝而禮之。夫是墨子之儉，將非孔子之侈也；是孔子之孝，將非墨子之戾也。今孝戾侈儉俱在儒墨，而上兼禮之。」（同上）

如此一來，「海內之士言無定術，行無常議。」（同上）

而且儒者以文亂法，俠以武犯禁，國君却尊禮他們，這使得：「欲索民之疾作而少言談，不可得也；……索民之疾戰距敵，而無私鬥，不可得也。」（顯學）一旦造成「國平則用儒俠，難至則用介士，所養者非所用，所用者非所養」（同上）的情形，國家必亂。韓非以爲求國家富強，要令人民在耕戰兩件事上努力，可是儒墨縱橫之流的人，既不能力耕，又不能力戰，他說：

「博習辯智如孔墨，孔墨不耕耨，則國何得焉。修孝寡欲如曾史，曾史不戰攻，則國何利焉。匹夫有私便，人主有公利。不作而養足，不仕而名顯，此私便也。息文學而明法度，塞私便而一功勞，此公利也。錯法以道民也，而又貴文學，則民之所師法也疑，（王先謙曰：所字衍。）賞功以勸民也，而又尊行修，則民之産利也惰。大貴文學以疑法，尊行修以貳功，索國之富強，不可得也。」（八說）

國君所應當用的是能耕戰的人，不是習辯智、修孝行、講文學的人，所養和所用不一致，無事猶可，國家一旦有事則無法逆料了。

國君聽信並重用了儒墨縱橫之流的人，相對的使鼓勵人民疾力耕田，勇於戰陣的法家之流的學者受挫。雖然當時「境內之民皆言治，藏管商之法者家有之……境內之民皆言兵，藏孫吳之書者家有之。」（五蠹）但在法術之士不能被信用的情形下，想求富國强兵，仍是罔然。

況且法術之士的遭遇，更令人心灰意冷，像：吳起被枝解，商鞅被車裂，這都使韓非思之傷心。韓非顯學，五蠹兩篇中所痛切攻擊的，正是這些混淆國君觀念與視聽的儒、墨、縱橫之流的學者，和一些游俠商工的浮華之民，這些人的被重視，是法家的一大不幸，但這也更刺激了並堅定了韓非自己以法治國的主張。

第三篇　韓非的重勢思想

韓非子一書，公認爲集先秦法家思想大成的著作，其內容包括甚廣，舉凡商鞅的法，申不害的術，愼到的勢，都有補充發揮，而其他學者思想，也有所取捨批評。所以此書實爲治先秦思想史者所必讀。一般學者的研究，每多偏重於法與術兩方面的闡發與批評，因爲這兩方面是他思想的重點，治國的要圖所在。書中討論的文字也最多，受學者重視原是理所當然。

淺見以爲，韓非主張以法治國，以術御下的眞正目的，無非是想在篡弒相仍的時代，先求鞏固中央領導者的地位，才能進而要求他們接受改革，確行法治，來富國强兵。必定要國家富强，立於不敗之地，而後才能談到其他問題。這是客觀形勢，必須如此。

韓非以他身爲王室諸公子的特殊身分，處在韓國危弱的特殊時期，難怪他論政的書，要求急功近利，捨棄德化而實行法治；重視君主威勢，拋棄民意而運用權術。韓非在他的祖國提倡民意而實行革命，不可以；借重外國力量而夷滅自己宗廟，更不可以。所以轉而要求强化中央領導者的地位和威權，用以救亡圖存，乃是必然的一條路。就主觀意識而言，這就是他愛國、愛家、愛己的最佳途徑。

韓非綜觀以往勢治學說的誤謬，發而爲强有力的新勢治學說，作爲他法治思想中重要的一環。在君主領導的時代，君主就是出法、用法、審法的人，重勢就是爲了强化法治基礎，杜絕犯上作亂，而爲改革內政的起點。所以韓非子書中論勢的文字雖少，其地位却極重要。

第一章 勢的意義

第一節 一般所謂的勢

勢字常和其他字連用，而成一名詞，今天常見的有形勢、時勢、地勢、氣勢等等。這些名詞自古卽已廣泛應用，例如：

一、形勢

荀子正論篇：「彼王者之制也，視形勢而制械用，稱遠邇而等貢獻，豈必齊哉！」管子有形勢篇，唐尹知章注曰：「自天地以及萬物，關諸人事，莫不有形勢焉。夫勢必因形而立，故形端者勢必直，狀危者勢必傾，觸類莫不然，可以一隅而反。」

二、時勢

莊子秋水篇：「當堯舜，而天下无窮人，非知得也；當桀紂，而天下无通人，非知失也；時勢適然！」呂氏春秋愼大覽審今篇：「是故天下七十一聖，其法皆不同，非務相反也，時勢異也。」

三、地勢、氣勢

呂氏春秋審分覽愼勢篇：「湯其無鄣，武其無岐，賢雖十全，不能成功。湯武之賢，而猶藉知乎勢，又況不及湯武者乎！」淮南子兵略訓：「有氣勢、有地勢、有因勢。」孟子見梁襄王，說：「望之不似人君，就之而不見所畏焉。」（孟子梁惠王）卽指梁君無爲君者應有的氣勢。

形勢、時勢、地勢都是客觀的，是已經如此的，作事能順應形勢，合乎時勢，利用地勢，必定容易成功，政治尤其如此。前引諸家說法，都證明此點。但是形勢可以改變，時勢可以創造，地勢可以爭取，主觀的氣勢，更可以培養，旋乾轉坤，端賴自己努力。擁有這些有利的條件，應該牢牢掌握，善加發揮運用；反之，則應努力爭取；成敗操之在我。

法家學者很注意如何掌握有利的條件，更致力於爭取有利的條件。在政治上首先要掌握的就是地位，法家學者稱之爲「勢位」，極力爭取的也是勢位，這是想一切操之在我的第一步，更是改變客觀環境的必要條件，所以他們重視勢，重視代表地位和權力的勢。

第二節　政治上所謂的勢

段玉裁說：「說文無勢字，葢古用埶爲之。如：禮運『在埶者去』是也。」（段注說文解字第三篇下，丮部埶字下注）鄭玄注「在埶者去」說：「埶，埶位也。」（十三經注疏禮記）徐鉉說文新附說：「勢，盛權力。從力，埶聲。經典通用埶。」古代以埶字作勢用，表示地位和因地位而有的權力，亦卽現代政治學上所謂的「統治權」。這是勢字的主要意義，是法家學者最重視的意義，由此推衍而有威勢、權勢、勢力等名詞和引申的意義。不過政治上的勢，其構成必是先有地位，因有地位乃有權力。有位有權，始能形成一令人服從的主觀力量，有此力量，始能造成一令人服從的客觀形勢。因此，韓非認爲勢是「勝衆之資」（八經）。

因爲是勝衆之資，所以人人都想得到，而且極盼望能既高且重。生而在上位的國君，希望鞏固已有的至高而獨尊的勢，以便長久統治國家。生而在下的人民，則希望得勢，以行其道。孟子所謂：「居下位而不獲於上，民不可得而治矣。」（離婁上）孔孟周遊列國，卽在求獲得在上者的識拔，得勢以治民。韓非的講論說難，也就是在敎人如何獲於上，來得勢治民。孔孟與韓非治民的理想雖有不同，求勢的手段也有分別，但他們想要得勢做爲實現個人抱負的必要條件的想法則相同。齊國人的俗話說：「雖有智慧，不如乘勢；雖有鎡基，不如待時。」（孟子公孫丑上）正說明此理。

爲大臣者，不但想得勢，而且極希望求其高，蓋勢高則位尊權重，忠臣若位尊權重，則可以隨意施展，實現理想；奸臣若位尊權重，則可以爲所欲爲，犯上作亂。忠臣得勢是國家之福，國君之幸；奸臣得勢則否。爲君者的正常心理，都希望得到忠臣而除去奸邪，一則因爲君勢可保，不憂篡弒；一則國家可强，不畏外患。

如何幫助君主保住勢位，如何幫助忠臣得到勢位，又如何杜絕奸臣竊取勢位，而達到「以尊主御忠臣，則長樂生而功名成」（韓非子功名）的地步，就是韓非重勢思想的着力處。

第二章　韓非以前論勢的學說

第一節　管　仲

在政治思想中特別强調勢的學者，咸推愼到，但在愼到之前重視君勢的還有一位管仲。管子法法篇說：「凡人君之所以爲君者，勢也。」君之所以爲君，在於有勢，卽有其位有其權。若君主失勢，卽失去他作爲國君的憑藉。如此，臣下可以控制國君，而國君此時就與他人無異。勢在下則臣制君，勢在上則君制臣，所以爲君者不可以失勢。

管子明法解篇中論說：

「是故羣臣不敢欺主者，非愛主也，以畏主之威勢也。百姓之爭用，非以愛主也，以畏主之法令也。故明主操必勝之數，以治必用之民；處必尊之勢，以制必服之臣。故令行禁止，主尊而臣卑。故明法曰：尊君卑臣，非計親也，以勢勝也。」

這說明了國君的能成爲國君，國君爲什麼能控制大臣，能命令人民的原因，並非由於臣民對君上的愛心，而是他們畏懼君上的威勢與法令。而法令是由有威勢的人發出，所以歸根究底，是以勢勝。

韓非「勢者，勝衆之資」的說法，與此同旨。法家重視必然的原則，所以操必勝之數，處必尊之勢，以治必用之民，制必服之臣，是明主所應當做的，也正是他能成爲明主的條件。

「人主之所以制臣下者，威勢也。」（管子明法解）代表國君威勢的，有所謂六柄和三器。何謂六柄？管子任法篇說：

「故爲人主者，不重愛人，不重惡人。重愛曰失德，重惡曰失威，威德皆失，則主危也。故明王之所操者六：生之、殺之、富之、貧之、貴之、賤之。此六柄者，主之所操也。主之所處者四：一曰文、二曰武、三曰威、四曰德。此四位者，主之所處也。藉人以其所操，命曰奪柄；藉人以其所處，命曰失位。奪柄失位，而求令之行，不可得也。法不平，令不全，是亦奪柄失位之道也。」

何謂三器？管子版法解篇說：

「治國有三器，……三器者何也？曰：號令也、斧鉞也、祿賞也。……三器之用何也？曰：非號令無以使下，非斧鉞無以畏衆、非祿賞無以勸民。」

國君威勢的表現在生、殺、富、貧、貴、賤六柄和號令、斧鉞、祿賞三器，國君憑這些鞏固自己地位，更憑這些操縱指揮臣民。這六柄和三器都要由國君操持，否則「若使威利之操不專在君，而有所分散，則君日益輕，而威利日衰，侵暴之道也。」（管子版法解）

國君不能失勢，不能失威權，已如上述。但若濫用君勢和威權，反而將失去勢、失去威權。管子法法篇說：

「君有三欲於民，三欲不節，則上位危。三欲者何也？一曰求，二曰禁，三曰令。求必欲得，禁必欲止，令必欲行。求多者，其得寡；禁多者，其止寡；令多者，其行寡。求而不得，則威日損；禁而不止，則刑罰侮；令而不行，則下凌上。故未有能多求而多得者也，未有能多禁而多止者也，未有能多令而多行者也。故曰：上苛則下不聽，下不聽而彊以刑罰，則為人上者衆謀矣，為人上而衆謀之，雖欲毋危，不可得也。」

國君必須重勢，而勢所產生的威權是生殺人富貴人貧賤人，這是國君所應操持的術；勢又可以賦予國君三器，號令和賞罰，這是國君所用的法。國君有威權而不濫用，能自我克制約束，頗不容易，這是勢本身的缺點。管仲已經知道勢可以生出法，而又必須輔以術的事實，但却沒有像韓非一樣，明白指出勢應該加上法術而成為「人設之勢」，使勢不但合乎實際情形，而又有法術消極的限制君欲，導入正軌，積極的擴張君勢，鞏固君勢的效用。

第二節 愼到

愼到的重勢理論，在今存愼子一書中的，和韓非子難勢篇中所稱引的，意思相同而文字有小異。

愼子說：「毛嬙、西施，天下之至姣也。衣之以皮倛，則見者皆走，易之以元緆，則行者皆止。由是觀之，則元緆色之助也，姣者辭之，則色厭矣。走背跋踚，窮谷野走十里，藥也，走背辭藥則足廢。故騰蛇遊霧，飛龍乘雲，雲罷霧霽，與蚯蚓同，則失其所乘也。故賢而屈於不肖者，權輕也；不肖而服於賢者，位尊也。堯爲匹夫，不能使其鄰家，至南面而王，則令行禁止。由此觀之，賢不足以服不肖，而勢位足以屈賢矣。故無名而斷者，權重也；弩弱而矰高者，乘於風也；身不肖而令行者，得助於衆也。故擧重越高者，不慢於藥；愛赤子者，不慢於保；絕險歷遠者，不慢於御。此得助則成，釋助則廢矣。夫三王五伯之德，參於天地，通於鬼神，周於生物者，其得助博也。」（愼子威德）

愼子所謂得助，即得勢。無助則無勢，助是一個外在的輔翼力量，以毛嬙、西施的美貌，尙且要有好衣服幫襯；以騰蛇、飛龍的本能，尙且要有雲霧的烘托；這在在證明外在的助，是如何重要。愼子又說：「行海者，坐而至越，有舟也；行陸者，立而至秦，有車也。秦越，遠途也，安坐而至者，械也。」（愼子逸文）這裏的械，也就是上文所說的助。若沒有助或械，都不容易成功，像「離朱之明，察秋毫之末於百步之外，下於水尺，而不能見淺深，非目不明也，其勢難覩也。」（愼子逸文）

在國君而言，這個「助」，就是「勢」。上面所擧日常習見的事，無助則不成，何況是治天下的政治，那能不憑藉勢？所以愼子很肯定的說：「賢而屈於不肖者，權輕也；不肖而服於賢者，位尊也。……賢不足以服不肖，而勢位足以屈賢矣。……身不肖而令行者，得助於衆也。」（愼子威德）君主必須有勢已不待辯，甚而可否定賢的條件。

韓非接受這種觀點。韓非子功名篇也說：「夫有材而無勢，雖賢不能制不肖。故立尺材於高山之上，下臨千仞之谿，材非長也，位高也。桀爲天子，能制天下，非賢也，勢重也。堯爲匹夫，不能正三家，非不肖也，位卑也。千鈞得船則浮，錙銖失船則沈，非千鈞輕而錙銖重也，有勢之與無勢也。故短之臨高也以位，不肖之制賢也以勢。」

五蠹篇則綜合了管子人民畏勢和愼子勢能屈賢的兩種說法：

「且民者，固服於勢，寡能懷於義。仲尼，天下聖人也，修行明道以遊海內，海內説其仁、美其義，而為服役者七十人，蓋貴仁者寡，能義者難也。故以天下之大，而為服役者七十人，而仁義者一人。魯哀公，下主也，南面君國，境內之民，莫敢不臣。民者，固服於勢，勢誠易以服人。故仲尼反為臣，而哀公顧為君。仲尼非懷其義，服其勢也。故以義則仲尼不服於哀公，乘勢則哀公臣仲尼。今學者之説人主也，不乘必勝之勢，而務行仁義，則可以王，是求人主之必及仲尼，而以世之凡民皆如列徒，此必不得之數也。」

韓非承認就現實情形而言，勢乃必要，若只教人君行仁義而不重勢，顯然有缺失。他認爲人君與臣民彼此都心懷仁義來相交往，實非一般人所能做到，而且仁義並非一日可幾，不足以應付危急。賢與勢相較，勢比較可恃，所以站在人君立場，自宜教其任勢爲上。

第三章　自然之勢的檢討與人設之勢的提出

第一節　自然之勢的檢討

前此所述的勢治思想，韓非在難勢篇中稱爲「自然之勢」。此自然之勢，雖有如上述的必要性，但也有其先天的大缺陷存在，即：無法完全擺脫賢智此一因素左右成敗的力量。這也正是愼到因爲重勢而否定賢智的理論，最大的缺點。愼到見不及此，可是韓非看到了。

韓非說：「夫有雲霧之勢而能乘遊之者，龍蛇之材美之也。（王先謙曰：下之字衍。）今雲盛而螾弗能乘也，霧醲而螘不能遊也，夫有盛雲醲霧之勢而不能乘遊者，螾螘之材薄也。今桀紂南面而王天下，以天子之威爲之雲霧，而天下不免乎大亂者，桀紂之材薄也。且其人以堯之勢，以治天下也；其勢何以異桀之勢？也（顧廣圻曰：也當作以。）亂天下者也。夫勢者，非必能使賢者用已，而不肖者不用已也。（俞樾曰：兩已字當作己。）賢者用之則天下治，不肖者用之則天下亂。人之情性，賢者寡而不肖者衆。而以威勢之利，濟亂世之不肖人，則是以勢亂天下者多矣，以勢治天下者寡矣。」（難勢）

此段文字所當注意的，在「勢者，非能必使賢者用己，而不肖者不用己也。」勢的效用，前已詳言。但勢乃爲一客觀存在的地位與力量，勢的本身，並無主觀的善惡意見，和取捨得勢的人的能力。所以此一實際存在的「勢」，落於何等樣人的手中，乃成爲一極重要的問題。有德有能的賢人得到，能令天下大治；反之，入於不肖人的手中，則更能助長虎威，令天下大亂。所謂「勢者，養虎狼之心，而成暴亂之事者也。」（難勢）

堯舜與桀紂同樣是因爲得勢，而有權治理天下，但是所得的結果却不同，成敗恰是相反。其原因即在用勢的人有賢與不肖的區別。堯舜是有德有能的賢智，而桀紂則否。韓非遂進而瞭解勢的另一重要意義：「勢之於治亂，本末有位也。（顧廣圻曰：末當作未。）」（難勢）而勢實在是一個「便治而利亂」（同上）的東西。

一般人所謂的自然之勢，本質上是如此的可愛與可貴，而又是如此的可怕與可憎。見其一未見其二的愼到者流，但憑其可愛與可貴處，就冒然肯定勢治的必然效用，而忽略得勢者的賢智與否所造成的不同結果，實在不足以言治。

第二節　人設之勢的提出

韓非以爲：「勢者，名一而變無數者也。」（難勢）勢非但不能必然的使賢者用它，或不肖者不用它，甚至勢這一個字所代表的地位的尊卑，與力量的大小，也不能由勢自己來決定。賢者將原有的勢繼長增高，不肖者更能將勢變本加厲，而泛泛之流，則是隨勢浮沉，甚至萎縮削弱。基於勢的名稱雖同而內涵變動極大，又本於君主泛泛的中才者較多，於是爲了求長治久安，必要賦與「勢」一個新意義、新力量，令中才的君主守之卽可無事。這就是韓非的「人設之勢」。

韓非旣然瞭解賢智對得勢者的重要，何以不提倡教化，尋求賢智之士來用勢，反而以人設之勢，强化勢治的威力，仍舊否定賢智？因爲法家者流，極重視人情的緣故。凡是重勢、立法、用術諸觀念，都是以現實的人情爲着眼，一切針對人情而發，遷就人情而行。現在僅就其重勢方面言之。

「今有不材之子，父母怒之弗為改，鄉人譙之弗為動，師長敎之弗為變。夫以父母之愛，鄉人之行，師長之智，三美加馬，而終不動其脛毛。不改（顧廣圻曰：下有脫文）州部之吏，操官兵，推公法，而求索姦人，然後恐懼，變其節，易其行矣。故父母之愛，不足以敎子，必待州部之嚴刑者，民固驕於愛，聽於威矣。」（五蠹）

這就是父母的愛子，有骨肉的親情，以恩愛的心感化他，仍感覺不夠，而必定要用國家的嚴法來制其邪的情形。韓非有感而說：

「夫嚴家無悍虜，而慈母有敗子，吾以此知威勢之可以禁暴，而德厚之不足以止亂也。」（顯學）

民情如此，而君臣之間，並無骨肉親情，又那能憑恃愛惠？卽使國君肯愛民如子，其親密的關係，也絕不可能勝過父母與子女之間，老百姓也不見得能投桃報李，敬事長上。以愛惠之道來化民，行

不通已很明顯。所以韓非說：「毋不能以愛存家，君安能以愛治國？」（八經）

以愛惠化民既然不可以，那以賢智導民又將如何，五蠹篇說：

「仲尼，天下聖人也，修行明道以遊海內，海內說其仁、美其義，而為服役者七十人。蓋貴仁者寡，能義者難也。……魯哀公，下主也，南面君國，境內之民，莫敢不臣。民者，固服於勢，勢誠易以服人。故仲尼反為臣，而哀公顧為君。」

天下之賢智，莫過仲尼，然仲尼之倡仁義，服之者僅僅七十二人。魯哀公乃下主，却臣服所有魯國之民，即賢如仲尼亦不例外。何者？蓋服於賢智者之仁義，乃基於人自動自發向善之心，人若無此心，仲尼又能奈何？而魯哀公之君國，乃基於人不得不服的威勢。「民者，固服於勢，寡能懷於義。」（同上）韓非所見如此。前引管子書，亦做如是觀。

由上述法家觀察所得的結果看來，君主以惠愛蒞民不可，以賢智臨民也不可，而事實却一再證明，民所服的，只有威勢、國法。因此韓非主張人設之勢，而不主張用賢智。不止國君不能恃賢智來治國，即使賢智之人也在反對之列。他說：

「客曰：人有鬻矛與楯者，譽其楯之堅，物莫能陷也。俄而又譽其矛曰：吾矛之利，物無不陷也。人應之曰：以子之矛，陷子之楯，何如？其人弗能應也。以為不可陷之楯，與無不陷之矛，為名不可兩立也。夫賢之為勢不可禁，而勢之為道也無不禁。以不可禁之勢，（顧廣圻曰：當云：以不可禁之賢，與無不禁之勢。）此矛楯之說也。夫賢勢之不相容亦明矣。」（難勢）

韓非以爲賢所造成的形勢，是不可禁，賢人必定因爲自己的賢智，而不肯屈服於不賢者的威勢之下，所謂「志意修則驕富貴矣，道義重則輕王公矣，內省則外物輕矣。」（荀子修身）這也就使得國君的威勢有所窮。君勢而有窮，則國君必危。而君勢的要求，在於無所不禁，無所不服，如此才能確立人主的威權，使他能君國蒞民。所以韓非認爲，賢與勢不並存的情形，正如同矛與楯的不能兩立一般。

萬一眞有賢智之流的人物，不服從君勢，韓非主張：「勢不足以化，則除之。」（外儲說右上）君勢的具體力量在賞和罰，假如「賞之譽之不勸，罰之毀之不畏，四者加焉不變，則除之。」（同上）像姜太公封於齊，殺東海上居士狂矞、華士兄弟二人，其理由就是此二人勢不足以化。姜太公說：

「是昆弟二人立議曰：『吾不臣天子，不友諸侯。耕作而食之，掘井而飲之，吾無求於人也。無上之名，無君之祿，不事仕而事力。』彼不臣天子者，是望不得而臣也。不友諸侯者，是望不得而使也。耕作而食之，掘井而飲之，無求於人者，是望不得以賞罰勸禁也。且無上名，雖知不為望用；不仰君祿，雖賢不為望功。不仕則不治，不任則不忠。且先王之所以使其臣民者，非爵祿則刑罰也，今四者不足以使之，則望當誰為君乎？」（同上）

第四章　人設之勢的內容與特點

第一節　人設之勢的內容

韓非說：「抱法處勢則治，背法去勢則亂。」（難勢）這說明人設之勢，必要用法與術配合而成。

何以需要用法？

「凡治天下，必因人情。人情者有好惡，故賞罰可用。賞罰可用，則禁令可立，而治道具矣。」（八經）韓非以為人都有私心，人的私心為何？「夫安利者就之，危害者去之，此人之情也。」（姦劫弑臣）人所喜好的是安利，人所厭惡的是危害，以人所喜好的安利做為賞，以人所厭惡的危害做為罰，則人人都趨賞避罰了。

趨賞有道，避罰亦有道，而且二者之道相同，即是守法。必須「不遊意於法之外，不為惠於法之內，動無非法。」（有度）而「先令者殺，後令者斬，則古者先貴如令矣。」（飾邪）臣的言行以如令為貴，不可絲毫非法，超過不可，不及也不可。法是「臣之所師」（定法）。總之，奉公愼法則得賞，行私姦令則得罰。臣民既知一切言行都當以法爲準，則可以輕易趨賞避罰，以取得期盼的安利。人既知之，又何苦不行之？人人而知守法，則君勢確立，主威可成。

求重勢而用法，即在以勝衆之資爲基礎，再以不得不爲我的法增其效用，以賞勸功，以罰禁姦。令「天下不得不爲己視，使天下不得不爲己聽，故身在深宮之中，而明照四海之內，而天下弗能蔽弗能欺者，何也？闇亂之道廢，而聰明之勢興也。故善任勢者國安，不知因其勢者國危。」（姦刧弑臣）能善任此人設之勢國安，反之國危。

人主有了威嚴的勢，還需要有術。次言用術。

五蠹篇說：「今人主處制人之勢，有一國之厚，重賞嚴誅得操其柄，以修明術之所燭，雖有田常、子罕之臣，不敢欺也。」此處明言賞罰乃法所定，臣下能守法行法的原因，就因爲有賞罰，可是行賞罰之事，出賞罰之令，則是君的權柄。人主能導制其臣的原因，就因爲有這賞罰二柄。由此可知用法以外，還需要輔之以術。

韓非的術道，極精微，實非一般國君所能用，但是「人主者不操術，則威勢輕，而臣擅名。」（外儲說右下）此即「君無術則弊於上」（定法）之意。所以以法治國，術又是不可少的一個輔助力量，也就是韓非所謂的法術，二者都是帝王之具，不可一無。

「國者，君之車也；勢者，君之馬也。無術以御之，身雖勞，猶不免亂。有術以御之，身處佚樂之地，又致帝王之功也。」（外儲說右下）難勢篇也說：「今以國爲車，以勢爲馬，以號令爲轡銜，以刑罰爲鞭筴，……」有車有馬而不會駕御，有鞭策而不善運用，也是罔然。所以用法來助長君勢，還應有術來駕御。蓋臣下的姦謀，左右的私心，若無術來參驗，則臣下必然枉法。臣下枉法則朋黨爲私來竊取國君威勢而擾亂賞罰，法治政治必毀於姦人之手。此時卽使有勢，也和無勢一樣，這是不可不謹愼的。

韓非重勢，敎人君「抱法處勢」就可以治，但是法如何抱？勢又如何處？術的大用卽在此。法已經確立而且實行，國君以法用人，以法量功，姦臣還可能多方面用計謀來取得信幸之勢，以劫持國君，此時君若無術，則必爲姦臣所欺瞞，而自毀法治。君臣上下奉法都弱，則國必隨之而弱，國弱則君勢亦危。所以抱法的方法在於用術。

勢已經高而且固，但心存彼可取而代之的姦臣，代代皆有，他們時時在窺伺國君，尋覓甚而製造機會來取悅君心，終而潛移國柄。國君如果無權柄，又何以爲君？因此君勢能否久處，能否安處，又必以國君如何用術爲準了。

必定以法爲主，以術爲輔，才能令人主的勢久而且安，這就是韓非人設之勢的大用。

第二節　人設之勢的特點

社會上凡民多，國家的中主也多。像堯舜般的賢君，千世始一出。孟子說：「五百年必有王者興」（公孫丑下），這正證明王者不世出，不是代代都有。反之，似桀紂般的暴君亦不多見，也是千世而一出。因此，以自然之勢，等待堯舜之流的賢智而後治天下，那治天下的時候必少，而像桀紂一樣亂天下的情形也不多。大多數的時間是中才國君處自然之勢主政。

此類中主，可能治天下，也可能亂天下，是治是亂，就看他是否有上進心、愛民心而定，而這又是人力所不容易控制掌握的。學者在此情形下，想掌握君主心志的趨向，極爲不易。可是又不得不找出一個應付之道，韓非就在這一事實的考慮下，必要尋出一個適合此普遍性和多變性的辦法，供中才國君使用而同時又能達到長治久安的目的。基於中才國君多和求長治的客觀需要，韓非終於想出「人設之勢」。其特點就在以中才國君爲對象，以長治久安爲目的這兩項。

「世之治者，不絕於中，吾所以爲言勢者，中也。中者，上不及堯舜，而下亦不爲桀紂。」（難勢）人設之勢爲中才國君而設，是一特點。這些中才國君上不及堯舜的賢與智，因此但憑他的心意思慮而行，必有許多過失。愼到說：

「君之智，未必最賢於衆也，以未最賢，而欲以善盡被下，則不贍矣。若使君之智最賢，以一君而盡贍下則勞，勞則有倦，倦則衰，衰則復反於不贍之道也。」（愼子民雜）

所以不論君才高低，都不應當用自己的智能。國君好表現，則臣下不做事而等待國君做，一則可以滿足國君欲望，不搶功勞，再則可享安逸，不負責任。君勞而臣逸，不是治國之道。

再則，「上用目則下飾觀，上用耳則下飾聲，上用慮則下繁辭。」（有度）因爲國君所作所爲，臣下必加以利用，來討好國君，所以韓非警告人主說：「君無見其所欲，君見其所欲，臣將自雕琢；君無見其意，君見其意，臣將自表異。」（主道）對國君來說，能藏拙不用智最好，否則做得好沒問題，做得不好，他日又將如何命令羣臣？

人主自己知道收斂藏拙的又有幾人？否則，率性而為，任意而行，過失必多。過失多則威信減，威信減則臣下輕視長上，下輕上必犯上，犯上則國亂主卑，甚至於國亡身死。繼任的國君，倘若仍然是中才國君，要想治國安民，就太難了。所以韓非教導國君「抱法處勢」來治國。是使那些中才的國君能在法治體系內有所遵循。

法要求立公去私，法固然是臣之所師，也應當為君之所守。君行賞罰若不根據法，則人臣盡力不得賞，竭智不得功；人臣竭智盡力却無功無賞，他們又那能不廢法行私？這正說明，想要求大臣奉法，必要國君奉法於上才可以。君奉法於上，則可以不用自己的耳目思慮做事，而一切以法為依歸。君可以無為，讎法即可；臣可以無姦，奉法即是。君臣之間，「明辯而易治」（有度）。這就是人設之勢，為什麼可以協助中才的國君上達於治的緣故。

人設之勢還可以防止中才國君下至於亂。中才國君雖然比不上桀紂般的壞，但是外物能誘惑人心的頗多，假若無法可循，無術可用，則姦臣得以乘隙而引誘國君為惡，助君為虐，同時更可以滿足個人的私欲，而國君仍不自知。為君的既已日趨於下流，國政亦必隨之不振，而民生的困苦必日重。若教人主抱法處勢，則法可引導國君於正路，不得枉法行私。所謂「以法擇人，不自舉也；以法量功，不自度也。」（有度）用人當，則忠臣進而姦邪退。而「法不阿貴，繩不撓曲」（同上），「刑過不避大臣，賞善不遺匹夫」（同上）的做法，更可以清明吏治。再以主術輔助，除去身邊足以促成國君為惡的小人，如此，想要中才國君降而為桀紂也不可能了。

世上的中才國君若都能據勢、行法、用術，則國必安，而民生日進。此為國君之幸，亦為國家與人民之福。即使無堯舜，國家也一樣大治。韓非說：

「抱法處勢則治，背法去勢則亂。今廢勢背法而待堯舜，堯舜至乃治，是千世亂而一治也。抱法處勢而待桀紂，桀紂至乃亂，是千世治而一亂也。且夫治千而亂一，與治一而亂千也，是猶乘驥駬而分馳也，相去亦遠矣。」（難勢）

為求國家長治久安，維持國政在一中上的固定水平，雖然不必然能如堯舜般措民於安樂的境界，但也絕不至於像桀紂一樣陷民於困苦的地步。這是人設之勢的特點，也是韓非勢治思想超越古人的地方。

結語

君之所以為君在於有勢，勢重即「人君之淵也」（喻老）、「人主之爪牙也」（人主）。魚不可脫於淵，虎不可無爪牙，而人君不可無勢甚明。勢原為一便治而利亂的東西，世上中才國君多，亂的可能性也隨之增高。爲政必當注意普遍性、一般性，以多數爲重。韓非深明此理，遂因勢而有法術，完成他人設之勢的學說，針對一般畏勢的人民，幫助多數的中才國君。

君勢因爲有法術而地位更固，力量益强，法術是助長君勢的力量，而韓非的法同時又有很多限制君勢的地方。這點韓非不曾明言，但我們讀他的書不可以不加注意。

韓非屢次說明國君不行法，則臣壞政敗，終而國亡身死的道理，也屢次說明國君不用術則姦臣欺主，進而篡弒奪權的事實，這眞是對國君的一大警惕。此中道理言之既明，知之亦易，特不便明白指斥國君不守法當如何制裁耳！以法助成君勢，亦以法來制衡，是韓非成就。

且此人設之勢，雖爲中才國君而立，協助他們治國，也限制他們爲非。若是遇到堯舜一流的國君出現，則可以利用此中上的基礎再向上發揮，非但不足以束縛其手脚，限制其成就，實際上更能促成其更上一層樓。這正如同一般人作詩塡詞，只感覺平仄格律的種種不方便，而杜甫與蘇軾，則一個能「晚節漸於詩律細」（杜甫遣悶戲呈路十九曹長詩），一個能「曲子中縛不住」（晁補之語），遊刃而有餘。反之，若有像桀紂之流的國君出現，國亡身死的大禍不能動其心，不能變其行，視法術如無物，我恐怕韓非也莫可奈何！這也就是「治千而亂一」（難勢）的情形了。

第四篇　韓非的法治思想

韓非子一書，雖然是就題行文，但前後各篇並無一定的次序或因果關係，而一篇之中也往往牽涉廣泛。讀者每苦於支離不全或前後重複，誦讀費力而瞭解亦難。本篇即在將現存韓非子一書，客觀的歸納整理其法治一部分的思想，期能有助於對韓非思想主體的法治觀念有通盤瞭解，乃能進而求其思想全貌與論其是非功過。

第一章　何以要行法治

韓非主張法治，主要的目的是：求國家富强。求富强的方法很多，何以一定要用法治？一則因爲客觀環境適合用法治，再則客觀環境必須用法治。而站在國君主觀的立場上，亦不得不行法治。

第一節　客觀環境適合用法治

客觀環境何以適合用法治？

「古者丈夫不耕，草木之實足食也；婦人不織，禽獸之皮足衣也。不事力而養足，人民少而財有餘，故民不爭。是以厚賞不行，重罰不用，而民自治。」（五蠹）古代人口少而資源豐足，生存所需的物質不虞匱乏，彼此無所爭，即爭亦不嚴重，所以厚賞不行，重罰不用。可是後來人口急速增加，人人要生存，於是爭端加多，而且變大。韓非說：

「今人有五子不為多，子又有五子，大父未死而有二十五孫。是以人民衆而貨財寡，事力勞而供養薄，故民爭。雖倍賞累罰而不免於亂。」（同上）

政治要有理想，但也要顧到現實。韓非認爲：「世異則事異」（五蠹）。上古、中古、近古，時代各異，所面臨的事情自亦有別。韓非說：

「上古之世，人民少而禽獸衆，人民不勝禽獸蟲蛇，有聖人作，搆木為巢，以避羣害，而民悅之，使王天下，號之曰：有巢氏。民食果蓏蜯蛤，腥臊惡臭，而傷害腹胃，民多疾病，有聖人作，鑽燧取火，以化腥臊，而民說之，使王天下，號之曰：燧人氏。中古之世，天下大水，而鯀禹決瀆。近古之世，桀紂暴亂，而湯武征伐。」（同上）

韓非認爲社會環境不斷改變的事實，爲政者必當認淸，否則「今有搆木鑽燧於夏后氏之世者，必爲鯀禹笑矣，有決瀆於殷周之世者，必爲湯武笑矣。」（同上）總之，不明時勢的行爲是可笑的，甚至是危險的。像：

「古者文王處豐鎬之閒，地方百里，行仁義而懷西戎，遂王天下。徐偃王處漢東，地方五百里，行仁義，割地而朝者，三十有六國。荆文王恐其害己也，擧兵伐徐，遂滅之。故文王行仁義而王天下，偃王行仁義而喪其國，是仁義用於古而不用於今也。……齊將攻魯，魯使子貢說之，齊人曰：子言非不辯也，吾所欲者土地也，非斯言所謂也。遂擧兵伐魯，去門十里以爲界。」（同上）

偃王行仁義而徐亡，子貢辯智而魯削，由此韓非認爲歷史說明了一個現象：「上古競於道德，中世逐於智謀，當今爭於氣力。」（同上）

因爲世異則事異，韓非遂進而肯定：「事異則備變」（五蠹）的道理。他主張：「聖人不期脩古，不法常可，論世之事，因爲之備。」（同上）又說：「聖人議多少，論薄厚爲之政，…稱俗而行也，故事因於世，而備適於事。」（同上）客觀環境旣已成爲一爭於氣力的時代，而一切事情，又是仁義、辯智所無法解決的情形，此時所憑藉的只有「力」了。

在韓非的觀念中，最有力的政治，就是法治，所以在客觀環境上適合於用法治。

第二節　客觀環境必須用法治

一個國家首先要對內求富强，而後乃能對外求生存。對外求生存依恃「力」，對內促成富强，也要仰仗「力」，也就是要用法治。

韓非認為當時內政上的重大問題，在主政者治國方法不對，一則引起君臣關係的混亂，再則導致人民的捨本逐末。

由於思想觀念上的淆亂，以致國君在施政用人上的做法乖謬，尊顯的是儒俠之士，發財的是商工之民。這使得一般人民覺得努力耕田不能得富，奮勇作戰不能得貴，眼看那些服文學而騁言辭的人，「無耕之勞，而有富之實；無戰之危，而有貴之尊。」（五蠹）

人之常情大多是私的，往往就安利而避危窮。所以「今為之攻戰，進則死於敵，退則死於誅，則危矣。棄私家之事，而必汗馬之勞，家困而上弗論，則窮矣。窮危之所在也，民安得勿避。」（五蠹）於是在此情形下，廣大的人民不再平時力耕，戰時奮勇，反而都去修文學，習言談，或改行做商工之民了。

在當時，農業是國家經濟的基礎，是富足的原動力；軍事是國家力量的根源，是强盛的原動力。韓非認為唯有農與戰是國本，其他都是末。一旦農業凋敝，軍事廢弛，國家又何由富？何由强？這是人民方面由於君主治國方法失當，而捨本逐末的情形。

一般人不容易掩飾自己的情欲，國君自以爲高高在上，無所顧忌，所以尤其不容易。一切任自己的情欲而爲，就容易爲姦臣所乘。韓非說：

「主有所善，臣從而譽之；主有所憎，臣因而毀之。凡人之大體，取舍同者則相是也，取舍異者則相非也。今人臣之所譽者，人主之所是也，此之謂同取；人臣之所毀者，人主之所非也，此之謂同舍。夫取舍合而相與逆者，未嘗聞也。此人臣之所以取信幸之道也。」（姦劫弑臣）

造成姦臣的出現是第一項弊端。

姦臣弄權是緊隨而至的現象。姦臣與國君同好惡，獲得寵信，進而以毀譽進退羣臣，使一般大臣，「盡力以致功，竭智以陳忠者，其身困而家貧，父子罹其害。」（姦劫弑臣）相反的，那些「爲姦利以弊人主，（王先愼曰：弊讀爲蔽。）行財貨以事貴重之臣者，身尊家富，父子被其澤。」（同上）國君聽信姦臣的毀譽而用人，其結果是賞罰失當，促成臣下的廢法行私。韓非說：

「左右知貞信之不可以得安利也，必曰：『我以忠信事上，積功勞而求安；……若以道化行正理，（王先愼曰：化疑衍之誤。）不趨富貴，事上而求安；（王先愼曰：事上二字當在行正理上。）……二者不可以得安，我安能無相比周，蔽主上為姦私，以適重人哉！』此必不顧人主之義矣。「其百官之吏，亦知方正之不可以得安也，必曰：『我以清廉事上而求安；……若以守法不朋黨治官而求安；……二者不可以得安，能無廢法行私以適重人哉！』此必不顧君上之法矣。」（同上）

大臣廢法行私的結果是朋黨爲姦。

羣臣結黨營私，則國君惑亂，而其蔽極多。因爲：「相愛者比周而相譽，相憎者朋黨而相非，非譽交爭，則主惑亂矣。」（南面）再者「交衆與多，外內朋黨，雖有大過，其蔽多矣。」（有度）而其最終的結果必然是：

「忠臣危死於非罪，姦邪之臣安利於無功。忠臣危死而不以其罪，則良臣伏矣；姦邪之臣安利不以功，則姦臣進矣！此亡之本也。」（同上）

如何使國君將用人施政納入正軌？唯有法治。商鞅在秦變法成功，卽是明證。「古秦之俗，君臣廢法而服私，是以國亂兵弱而主卑。商君說秦孝公以變法易俗，而明公道，賞告姦，困末作而利本事。……輕犯新法，於是犯之者其誅重而必，告之者其賞厚而信，故姦莫不得，而被刑者衆。……故民莫犯，其刑無所加，是以國治而兵強，地廣而主尊。」（姦劫弑臣）

第三節　國君主觀立場當用法治

就國君主觀立場而言，爲鞏固權勢，不暴露自己缺點，也不得不行法治。（請參看第三篇第四章第二節）

任何一個國君所希望統治的，必然是境內所有的人，因此國君的着眼點，必須在普遍性上。所以如何使所有的人都臣服於我的權勢下，爲我所用，成爲國君一重要課題。

人情都是私的，爲己的。君的利益未必也是臣的利益，利害不同，態度與作法自然有別，甚而可能相反。臣與民之間也是如此。韓非說：

「故君臣異心。君以計畜臣，臣以計事君，君臣之交計也。害身而利國，臣弗為也；害國而利臣，君不為也。臣之情害身無利，君之情害國無親。君臣也者，以計合者也。」（飾邪）

又說：

「臣主之利，與相異者也。（顧廣圻曰：與當在相字下。）何以明之哉？曰：主利在有能而任官，臣利在無能而得事。主利在有勞而爵祿，臣利在無功而富貴。主利在豪傑使能，臣利在朋黨用私。」（孤憤）

君臣之間異心、異利到此程度，國君可用、能用之臣又有幾人？

韓非認爲既不能求臣民主動的爲君做事，就只有用强迫的手段。這强迫的方法就是講利害，而利害則本於人情。韓非說：

「設民所欲，以求其功，故為爵祿以勸之。設民所惡，以禁其姦，故為刑罰以威之。」（難一）

對臣民來說，所欲的就是利，所惡的就是害，以利來勸，以害來威，這就是國君用其臣的「計」，這就是法。透過這個方法，國君可以逼使人人爲我，滿足國君的利，而同時也滿足了臣的利。韓非說：

「聖人之治國也，固有使人不得不愛我之道，而不恃人之以愛為我也。恃人之以愛為我者危矣，恃吾不可不為者安矣。……明主知之，故設利害之道，以示天下而已矣。」（姦劫弒臣）

這是國君主觀立場上，在鞏固君勢以外有行法治必要的另一點。

第二章　法治的範圍

韓非的法治，其包括的範圍，可大概分爲下列數事：國君用人、賞罰以法；大臣行政以法；政府治民，教民以法。

第一節　國君用人以法

韓非說：「人主釋法而以臣備臣，則相愛者比周而相譽，相憎者朋黨而相非，非譽交爭，則主惑亂矣。」（南面）聽人臣的毀譽而用人，必是黑白不分是非不明，所以應以法用人。韓非說：「明主使法擇人，不自擧也；使法量功，不自度也。」（有度）擇人、量功都以法爲準，因爲法是：「見功而與賞，因能而授官」（外儲說左上），所以國君可以「不苟於世俗之言，（王先愼曰：苟當作徇。）循名實而定是非，因參驗而審言辭。」（姦劫弑臣）以法用人一切以功過爲準，可以避免錯誤，杜絕倖進。

以法用人還可以減輕國君負擔。韓非說：「明君不自舉臣，臣相進也。（顧廣圻曰：臣當作功。）不自賢，（顧廣圻曰：賢上脫選字。）功自徇也。（顧廣圻曰：自當作相。）論之於任，試之於事，課之於功，故羣臣公正而無私，不隱賢，不進不肖，然則人主奚勞於選賢？」（難三）以法用人的優點，簡單的說，姦臣不能進，毀譽不得施，黨與無從成，而國君則可不自舉，不自度，勞於選賢。君臣之間，「明辯而易治」（有度）。否則國君選他心目中認可的人視爲賢臣，「選其心之所謂賢」（難三），缺乏客觀的固定的標準，姦臣大多因爲國君如此用人才得倖進。卽令國君覺察，去之，再用的人，仍可能是姦臣。而以法用人，可免此患。

以法用人是第一步，第二步是分工。政府組織龐大，事務性質各有不同，非一二人或少數人的力量所能盡爲，勢須分工。分工的原則是：「一人不兼官，一官不兼事。」（難一）

國君用人，以實際的功過爲準，務求其適任、勝任。求其能適任勝任就要人不兼官，官不兼事。因爲專職專責，可以全力發揮所長，專注一面；而且有功不必爭，有責亦無從卸。韓非所說：「明君使事不相干，故莫訟；使士不兼官，故技長；使人不同功，故莫爭。」（用人）卽是此意。

以法用人，以法分工，求臣任事，在韓非的想法中，其目標是：「治國之臣，效功於國以履位，見能於官以受職，盡力於權衡以任事。人臣皆宜其能，勝其官，輕其任，而莫懷餘力於心，莫負兼官之責於君。故內無伏怨之亂，外無馬服之患。」（用人）

第二節　國君賞罰以法

君臣既是以計相交相合，則大臣有功，必當有賞以勸，大臣有罪，必當有罰以威，是治國不能無賞罰。國君若以一己的喜怒好惡來行賞罰，則雖有賞而無勸功的效果，雖有罰而無威下的效用。韓非說：

「釋儀的而妄發，雖中小不巧。釋法制而妄怒，雖殺戮而姦人不恐。罪生甲，禍歸乙，伏怨乃結。」（用人）

爲使賞罰能確切而有實效，令臣下心服口服，則賞罰必要有一客觀標準，令國君依此而行，既公正且適當。這個客觀標準就是法。

「法者，憲令著於官府，賞罰必於民心，賞存乎愼法，而罰加乎姦令者也。」（定法）法令公布於官府，臣下遵行則有功，而「爵祿生於功」（外儲說右下），此即「賞存乎愼法」的意思。臣下違法則有罪，而「誅罰生於罪」（外儲說右下），此即「罰加乎姦令」的意思。法既明文規定「愼法」、「姦令」是行賞罰時的依據，那麼要在「賞罰必於民心」的情形下，國君又豈能以個人一時的喜怒好惡來行賞罰呢？

大臣言行的爲功爲過，以愼法、姦令爲準，既有明法規定，則是非善惡，一旦形諸事實，表現於外，人人皆見，人人皆知。國君若不以此標準定臣下功過，而妄行賞罰，是自己破壞法制，更無從令臣民守法了。

國君賞罰以法，是富强之本。韓非說：「國以功授官與爵，此謂以成智謀，以威勇敢，（顧廣圻曰：成讀爲盛，威當作成。）其國無敵。國以功授官與爵，則治見者省，言有塞，（顧廣圻曰：見字當衍，有字當作者。）此謂以治去治，以言去言，以功與爵者也，故國多力而天下莫之能侵也。」（飭令）

總之，臣下言行的得賞或得罰，以法爲準。國君行賞罰的權力時，也以要求於臣下遵行的法爲準。賞罰之道關係法治成敗，在「如何確行法治」一節中另有詳論。

第三節　大臣行政以法

國君以法行賞罰，已經足以使臣下奉公守法來得賞避罰，但有野心的臣下仍可能有行私害法的行爲。臣下一旦行私害法，重則上危君位，輕則下傷百姓，且官吏親民，人民又最無勢，因此，傷害百姓較侵危君位爲易爲先，所以韓非有治吏不治民的主張。

韓非說：「聞有吏雖亂，而有獨善之民；不聞有亂民，而有獨治之吏。故明主治吏不治民。」（

外儲說右下）由於「聖人不親細民，明主不躬小事」（同上），而眞正親細民、躬小事的是吏。上令的下達，下情的上聞，都在於吏的承轉，而吏持法的輕重更關係民命。民多而吏少，治吏較治民容易，而且應當在治民之先。

責求臣下用法致功，必使其「如令」。韓非說：「昔者舜使吏決鴻水，先令有功，而舜殺之。禹朝諸侯之君會稽之上，防風之君後至，而禹斬之。以此觀之，先令者殺，後令者斬，則古者先貴如令矣。」（飾邪）臣下往往在法令之外求表現或逞私欲，先令後令，增令減令，都不容許，卽使有功，也是違法。不能因今日的有功而不罰違法的擧動，用意卽在防微杜漸。

國君明法，其要求於大臣的，就在令臣下拋棄個人的智能和賢行，以免任意妄為，而能一切言行都合於法。韓非說：「人主使人臣，雖有智能，不得背法而專制；雖有賢行，不得踰功而先勞；雖有忠信，不得釋法而不禁。此之謂明法。」（南面）其最終的目標是：

「明主使其羣臣，不遊意於法之外，不為惠於法之內，動無非法。」（有度）

一切言行都不能不合法，這就是要求大臣行政以法的目標，也就是法治的要點之一。

第四節　治民教民以法

「民智之不可用，猶嬰兒之心也。……嬰兒不知犯其所小苦，致其所大利也。」（顯學）由於民智淺薄，無遠見，所以爲政不能期望於適民。以當時客觀環境而言，韓非認爲：

「今上急耕田墾草，以厚民產也，而以上為酷。修刑重罰，以為禁邪也，而以上為嚴。徵賦錢粟，以實倉庫，且以救饑饉備軍旅也，而以上為貪。境內必知介而無私解，并力疾鬥，所以禽虜也，而以上為暴。此四者，所以治安也，而民不知悅也。」（同上）

人民不知犯小苦而求大利，「愚者固欲治，而惡其所以治，（王先愼曰：治下當有者字。）皆惡危而喜其所以危者。」（姦劫弑臣）民智是如此的不可用，但治國的人，則必須有遠見，必須「審於是非之實，察於治亂之情。」（同上）實行法治雖然是「前苦而長利」（六反），但治國者不能只求順民心，而應該「權其輕重，出其大利。」（同上）所以行法以治民，是因爲民智不可用。

「民固驕於愛，聽於威矣」（五蠹），「民者，固服於勢，勢誠易以服人」（同上）。既然人民所服所畏的只有威勢，而最有威勢的政治就是法治，所以以法治民，使人民「上下貴賤，相畏以法」（八經），在韓非看來，是唯一可行而且該行之道。

以法治民，必當先教民知法，而後乃能令民守法。所以韓非的法，必定要是「編著之圖籍，設之於官府，而布之於百姓者也。」（難三）法律成文而且公布，人民言行才有準則。爲了確實令人民守法，不作姦犯科，韓非以爲：「禁姦之法，太上禁其心，其次禁其言，其次禁其事。」（說疑）禁其心最好的作法就是：

「無書簡之文，以法為教。無先王之語，以吏為師。」（五蠹）

給人民的敎育只有法，沒有其他「書簡之文」或「先王之語」。

以法治民敎民的最終目標是：「境內之民，其言談者必軌於法，動作者歸之於功，爲勇者盡之於軍。」（五蠹）能如此，則可以「無事則國富，有事則兵强。」（同上）國富兵强，先立於不敗之地，再利用機會攻擊他人，在韓非看來「超五帝，侔三王者，必此法也。」（同上）

第三章　立法的原則與法的特點

為了達到上述法治的目的，成敗的關鍵，第一步就在法治所依憑的「法」，是否理想；第二步就在實行法治是否確實。

茲先就韓非所謂的「法」是否理想一點，看他立法時所注意的一些原則，和「法」的特點。

第一節　立法的原則

1 客觀

國君個人才智未必出衆，個人性情未必盡善，在此情形下，勢必不能以國君個人主觀的意見做立法依據。為使臣民對法心悅誠服，為要國君言行合乎常軌，立法必須先求合乎「客觀」的原則，而後法的地位才能客觀。

天地間最客觀、最無私的，在韓非認為莫過於「自然之道」，也就是「天道」。況且「道者，萬物之所然也，萬理之所稽也。……道者，萬物之所以成也。」（解老）道是一切根本，因此大自然的天道，是立法的一大依據。

天道是合「自然」的，是有「常」的，凡事順天道而行，則易爲、易成。所謂：「循天則用力寡而功立。」（用人）逆天道而用智能，則是捨客觀而用主觀，是惑亂之道。

「古之全大體者，望天地，觀江海，因山谷，日月所照，四時所行，雲布風動。」（大體）這就是能全大體的人，向自然學習，順天地自然之道而行。這種人能「不以智累心，不以私累己，寄治亂於法術，託是非於賞罰，屬輕重於權衡。」（同上）放棄主觀的智與私，而用客觀的自然之道，就是「不逆天理」（同上）。能「守成理，因自然」（同上）就可以得到「利莫長於簡，福莫久於安」的好處。所以韓非說：

「古之牧天下者，不使匠石極巧以敗太山之體，不使賁育盡威以傷萬民之性，因道全法，君子樂而大姦止。澹然閒靜，因天命，持大體，故使人無離法之罪，魚無失水之禍。」（同上）

不逆天理，不使匠石極巧以敗太山之體，是立法的客觀原則，也就是合乎天道。

此外，尚要注意「不使賁育盡威，以傷萬民之性」的問題，所以順乎人情，是立法的另一重要原則。

2. 普遍

「國法不可失，而所治非一人也。」（顯學）政治是以廣大而多數的人民爲目標，所以必須注意普遍性，不能只針對少數人而發。韓非說：

「故設柙，非所以備鼠也，所以使怯懦能服虎也。立法，非所以避曾史也，所以使庸主能止盜跖也。爲符，非所以豫尾生也，所以使衆人不相謾也。不恃比干之死節，不幸亂臣之無詐也，恃法之所能服。」（守道）

這說明立法不爲少數善人而設，而是爲幫助庸主治普天下的衆人而立。既是重視普遍性，就不能不先研究「人情」的問題，這就是韓非要「其法通乎人情」（制分）的用意。

人要的是安利富貴，怕的是危害死亡。「夫安利者就之，危害者去之，此人之情也。」（姦刧弑臣）「富貴者，人臣之大利也。」（六反）因爲人情如此，與其逆之，不如順之、利用之。韓非說：「設民所欲，以求其功，故爲爵祿以勸之。設民所惡，以禁其姦，故爲刑罰以威之。」（難一）

國君的用賞罰，其先決條件就在：「人情者有好惡」（八經）一點上。因爲有好惡，才能用賞勸功，用罰禁姦。若老百姓都無欲、無好惡，則國君將無法用其民，統治力將趨於無。所以韓非認爲人情正是大可利用的東西，無怪他要主張：「凡治天下，必因人情」（八經）了。

有這因人情的原則，其目的就在求法的效用能普遍。

3. 公平

天道恆常，亦極公而且平。天地無私覆私載，是大公，是大平。順天道而去智巧與私心，是求客觀，也就是求公平。

「古者蒼頡之初作書也，自環者謂之私，背私謂之公。公私之相背也，乃蒼頡固以知之矣。」（五蠹）公私是相反的，國君治國立法，唯其公方能平，唯其公平方能眞正客觀，而令天下人心服口服。「夫立法令者，所以廢私也。法令行而私道廢矣。私者，所以亂法也。」（詭使）這說明立法是在去私，去私的目的是在立公。「聖人之爲法也，所以平不夷，矯不直也。」（外儲說右下）這說明立法在求平。

國君治國必要順天道，法天心而立公平的法，以求得公平的政治。韓非說：「禁主之道，（顧廣圻曰：禁字衍。）必明於公私之分，明法制，去私恩。」（飾邪）爲求公平的法能確切施行，國君首先需要明白公私的分際，由自身做起，明法制去私恩，示天下以大公，公平的政治乃可期其實現。

4. 重賞嚴刑

賞罰因人情而生，成爲法的實質。爲確實利用人情，不能不加重賞的勸功的效果，也不能不加強罰的禁姦的力量，於是立法時要注意重賞嚴刑的原則。

賞要厚而且信，其目的在「使民利之」（五蠹）。韓非說：「若夫厚賞者，非獨賞功，又勸一國。受賞者甘利，未受賞者慕業，是報一人之功而勸境內之衆也。」（六反）人的趨賞，是「猶獸鹿也，唯薦草而就」（內儲說上）。俗語說：「重賞之下必有勇夫」，就是此意。

「越王慮伐吳，欲人之輕死也，出見怒鼃，乃為之式。從者曰：『奚敬於此？』王曰：『為其有氣故也。』明年之請以頭獻王者，歲十餘人。由此觀之，譽之足以殺人矣。」（內儲說上）

重賞不但可以鼓勵一國的人，還可以令人爲賞而死。重賞更可以左右人骨肉的親情。韓非舉例說：

「宋崇門之巷人，服喪而毀，甚瘠。上以為慈愛於親，舉以為官師。明年，人之所以毀死者，歲十餘人。」（同上）

在此情形下，無怪韓非感嘆說：「子之服親喪者，爲愛之也，而尚可以賞勸也，況君上之於民乎！」（同上）重賞的必要是不待多言的了。

由於人之常情，每每「驕於愛，聽於威」（五蠹），所以罰的重而且必，「使民畏之」（同上）的方法，比賞更有效。

子產死前教給他繼任人的做法就是：「必以嚴莅人」（內儲說上），因爲：「火形嚴，故人鮮灼；水形懦，故人多溺。」（同上）董閼于做趙國上地守，見一深澗，峭如牆，深百仞，當他知道非但沒有人類，甚至連獸類也沒有掉下去過的時候，不禁感嘆說：「使吾法之無赦，猶入澗之必死也，則人莫之敢犯也。何爲不治？」（同上）這就是法家嚴刑重罰的用意所在。

韓非說：「重一姦之罪而止境內之邪，此所以為治也。重罰者盜賊也，而悼懼者良民也。欲治者奚疑於重刑！」（六反）這就是殺一儆百。嚴刑可以止姦，可以防止臣下因君上的威寡而侵上，所以嚴刑有「遂令懲下」（有度）的作用。君令的能否貫徹，臣姦的能否懲止，全在嚴刑的運用。

5. 易知易行

法治包括以法教民治民，既要以法為教，若是立法而民不知，則何能行？所以韓非說：「今為眾人法，而以上智之所難知，則民無從識之矣。……今所治之政，民間之事，夫婦所明知者不用，而慕上知之論，則其於治反矣。」（五蠹）即使知法，若是做不到又將如何？所以立法不能忽略易知易行的原則。

「察士然後能知之，不可以為令，夫民不盡察。賢者然後能行之，不可以為法，夫民不盡賢。」（八經）就因為人民並非人人都是察士或賢者，所以為了要法治深入人心，進而左右人的行為，必須要易知易行。韓非說：

「明主之表易見，故約立；其教易知，故言用；其法易為，故令行。三者立而上無私心，則下得循法而治。望表而動，隨繩而斷，因攢而縫，（俞樾曰：攢字當作簪，亦作撍，傳寫所誤。）如此則上無私威之毒，而下無愚拙之誅。故上君明而少怒，下盡忠而少罪。」（用人）

法的易見易知易爲的重要性及效果既明，其實際作法是：「明主立可爲之賞，設可避之罰。」（用人）賞要能做得到，才足以勸善，人民盡死力仍不能達到要求，則失去「勸」與「利」的效用。罰若無可逃避，則人民挺而走險，僥倖以求萬一，是罰亦失去「禁」與「畏」的目的。因此韓非說：

「古之善守者，以其所重，禁其所輕；以其所難，止其所易；故君子與小人俱正。」（守道）

嚴刑的目的，卽在以重刑罰輕罪，因爲人不容易犯大過，而小過則常有。小過固然易犯，但也容易改正，所以在小過上重罰，令人民連小過都不敢犯，更不可能去犯大過了，此卽避罰之道。

以上略論立法時所當注意的五項原則。次論準此原則所立的法的特點。

第二節 法的特點

1. 成文而且公布

「法者，編著之圖籍，設之於官府，而布之於百姓者也。」（難三）

爲求君主賞罰有常，不因喜怒而屢變；爲求臣民言行有準，不因好惡而行私；法必要是編著之圖籍。因其成文，上下均以此爲據，方能客觀而公平。

法乃臣民言行的準則，爲求其確實遵守奉行，故又必須設之於官府，並布之於百姓，以此爲敎，以此治民。此即公布的意思。

2. 固定而且統一

朝令而夕改，民無所措手足，「法禁變易；號令數下者，可亡也。」（亡徵），而且「不一其憲令，則姦多。」（定法）所以韓非說：「法莫如一而固，使民知之。」（五蠹）

以法治民而外，尤須先以法教民，民智未必都高，學習力未必都强，所以法要固定，不能時時在變。若法時時在變，就等於國君以個人喜怒行事，失去法治的意義。而且人民力不能學之於先，則勢必不能行之於後，所以韓非說：「治大國而數變法，則民苦之，是以有道之君，貴虛靜而重變法。」（解老）

「利在故法前令，則道之；利在新法後令，則道之。利在故新相反，（盧文弨曰：利在二字衍。）前後相悖，……姦臣猶有所譎其辭矣。」（定法）

姦臣每每利用法令漏洞或矛盾的地方，行私僥倖，爲避免此病，法要統一。

3. 法與時移

法雖然要固定，但是在「論世之事，因爲之備」（五蠹）的要求下，還要變法。韓非觀察歷史，發現「世異則事異」（同上）的現象，更明白「事異則備變」（同上）的必要。這就是在客觀環境改變時，要適時變法，以爲配合因應。

「法與時轉則治，治與世宜則有功。……時移而治不易者亂。」（心度）儒家尊古、循古，在韓非認爲不合時代需要。時代變，人心也變，法若不變，只有被淘汰。所以法不能朝令而夕改，要求固定。但在時代改變時，法則必須隨之而變，進步以求適應。

4 絕對

法是絕對的，強制的，不容懷疑，不容歪曲。

「明主之國，令者，言最貴者也；法者，事最適者也。言無二貴，法不兩適，故言行而不軌於法令者，必禁。」（問辯）

法令是最適的，最貴的。它所代表的絕對性，決不容破壞，所以言行不合於法令者，在必禁之列。

「法已定矣，不以善言售法。（王先愼曰：售當作害。）」（飭令）法的固定和絕對是相互表裏，相輔而用的。「中程者賞，弗中程者誅。」（難一）不如此，不能使「刑罰必於民心」（定法）。刑罰不必於民心，法治就根本動搖。

第四章　如何確行法治

良法既立，假若行之不善，反不如無法，甚至其弊害超過無法。所以韓非對如何確行法治一事，論之尤詳。歸納言之，有下列數端：

第一節　公

國家循天道因人情而立大公無私的法，國君用法治國，不論用人、賞罰，都必須守此大公的原則，亦以此原則要求於臣下。

「內舉不避親，外舉不避讎。是在焉從而舉之，非在焉從而罰之。是以賢良遂進，而姦邪并退，故一舉而能服諸侯。」（說疑）這說明用人要公，才能服人，而公的標準就是合法。韓非舉例說：

「其在記曰：堯有丹朱，而舜有商均，啓有五觀，商有太甲，武王有管蔡，五王之所誅者，皆父兄子弟之親也，而所殺亡其身殘破其家者何也？（王先謙曰：所字當衍。）以其害國傷民敗法類也。觀其所舉，或在山林藪澤巖穴之閒，或在囹圄緤紲纏索之中，或在割烹芻牧飯牛之事，然明主不羞其卑賤也，以其能為可以明法，便國利民，從而舉之，身安名尊。」（同上）

用人能大公無私，提拔能明法而隱逸的賢人，是古代聖王能成功的原因，而能斥逐凶頑不法的子弟，更是難能。事實上不如此，不足以治天下。

賞罰的極致，就是「不辟親貴，法行所愛」（外儲說右上）。因爲國君親貴所愛的人，每易驕縱而不法。韓非說：

「上古之傳言，春秋所記，犯法為逆以成大姦者，未嘗不從尊貴之臣也。而法令之所以備，刑罰之所以誅，常於卑賤，是以民絕其望，無所告愬。」（備內）

爲了去除左右的姦邪，爲了安定天下的良民，爲了行法公平，賞罰要不分親疏貴賤。在國法之前人人平等，以實際的功過爲是非、爲賞罰。

爲求效果顯著，更應當：賞自下起，罰自上用。韓非說：

「是故誠有功，則雖疏賤必賞；誠有過，則雖近愛必誅。」（主道）

「法不阿貴，繩不撓曲。……刑過不避大臣，賞善不遺匹夫。」（有度）

這就是確行法治的一大要求：公正。

賞罰要公正，亦要公開。

「明君之行賞也，曖乎如時雨，百姓利其澤；其行罰也，畏乎如雷霆，神聖不能解也。」（主道）

時雨與雷霆，人人都可見到，人人都能知曉，明君行賞罰既然公正，所以不妨公開，甚且必須公開。其目的在令天下人都見到都明白，進而都能利賞畏罰，以增强效果。此爲公的另一意義。

第二節　信

「賞譽薄而謾者，下不用。」（內儲說上）「刑罰不必，則禁令不行。」（同上）國君懸厚賞以勸功，立重罰以止姦，若立法而不能確切實行，則是具文而已。所以韓非再三强調信賞必罰，因爲這是法治要有成效必須的作法。

「小信成則大信立，故明主積於信。賞罰不信，則禁令不行。」（外儲說左上）孔子說：「民無信不立。」（論語顏淵）可證爲政必當立信於民，否則人民不服從政令，不信任政府，任何理想都將因爲得不到支持而落空。

「吳起爲魏武侯西河之守，……於是乃倚一車轅於北門之外，而令之曰：『有能徙此南門之外者，賜之上田上宅。』人莫之徙也。及有徙之者，遂賜之如令。俄又置一石赤菽於東門之外，而令之曰：『有能徙此於西門之外者，賜之如初。』人爭徙之。」（內儲說上）

吳起之所以如此做，在立信於民。商鞅變法之初，也曾如此做：「令既具，未布，恐民之不信己，乃立三丈之木於國都市南門，募民有能徙置北門者予十金。民怪之，莫敢徙。復曰：『能徙者予五十金。』有一人徙之，輒予五十金，以明不欺。」（史記商君列傳）

嚴刑峻法，原本不爲人民所喜，「夫嚴刑重罰者，民之所惡也。」（姦劫弒臣）國君用法而無信，則臣民更不可能主動奉法。所以說：「法不信則君行危矣；刑不斷則邪不勝矣。」（有度）唯有信，才能「刑罰必於民心」（定法），唯有必於賞罰，才能「賞罰不阿則民用。」（六反）韓非說：「賞罰敬信，民雖寡，強。」（飾邪）信的重要性已極顯然。

行法治用賞罰，既是要「信」，就不妨信而且「時」。時就是「時效」。「明君之行賞也，曖乎如時雨，百姓利其澤。」（主道）該下雨而無雨，不該下雨而有雨，都不受歡迎。所以行賞要如「時雨」，該有的時候一定要有，而且要恰到好處，恰合時機。用罰亦然。

韓信批評項羽說：「至使人有功，當封爵者，印刓敝，忍不能予。」（史記淮陰侯列傳）這就是當賞而不賞，時機過後再賞，已失效果，受賞者不再利其賞，卽使利其賞，也必是大不如前。這說明賞罰要「信」，而且要「時」。

第三節　當

用法要公，要信，還要當。

「刑當無多，不當無少。」（難二）用刑不能以多少計算，而應以當與不當爲要求。賞罰不當的情形與結果是：

「賞無功則民偷幸而望於上；不誅過，則民不懲而易為非。」（同上）

「主過予則臣偷幸，臣徒取則功不尊。無功者受賞，則財匱而民望；財匱而民望，則民不盡力矣。故用賞過者失民，用刑過者民不畏。有賞不足以勸，有刑不足以禁，則國雖大必危。」（飾邪）

所以賞罰在執行時是否得當，成爲法治成敗的一大關鍵。

賞罰要當，必須以法禁爲準則，以功罪爲憑證。賞無功，則民偷幸，罰無罪，則民怨望。所以「聖人之治國也，賞不加於無功，而誅必行於有罪者也。」（姦刦弒臣）臣民奉公守法而有功，才能賞；行私廢法的本身卽是過，若行私廢法而又有過，則罪更大，必要罰。

賞罰又要以臣下言事爲斷。

國君要禁姦，必要審核形名，卽是責求臣下言行一致，名實相符。國君用臣的方法是：

「為人臣者陳而言，（顧廣圻曰：而當作其。）君以其言授之事，專以其事責其功。」（二柄）

臣言之在先，君令之在後，而以臣下所做的事行賞罰。韓非說：

「功當其事，事當其言，則賞。功不當其事，事不當其言，則罰。故羣臣其言大而功小者，則罰，非罰小功也，罰功不當名也。羣臣其言小而功大者，亦罰，非不說於大功也，以為不當名也，害甚於有大功，故罰。」（同上）

國君賞罰要「當」，是以臣下言行的是否「當」爲判斷標準。

賞是一種勸功的鼓勵性作法，而罰則是一種禁姦的制裁性作法。爲使賞罰能收到預期的效果，甚而達到更好的效果，國君賞罰的行動，要和毀譽的作法相配合，才算是眞正的「當」，否則難以要求臣民言行一致，更遑論富强了。韓非說：「故名賞在乎私惡當罪之民，而毀害在乎公善宜賞之士，索國之富强，不可得也。」（六反）

「民之重名與其重賞也均。賞者有誹焉，不足以勸，罰者有譽焉，不足以禁。」（八經）臣民重名與重賞的程度相等，賞的同時有毀，罰的同時有譽，足以使賞罰失效，而且將導致「民中立而不知所由」（外儲說右下）的情形出現。這種情形，韓非認爲是可悲的，「此亦聖人之所爲泣也。」（同上）

在顯學、五蠹二篇中，韓非極陳國君用人「所養者非所用，所用者非所養」（顯學）的不當，此一現象的發生，就在國君平日所譽的、所養的，是言行與法不合的那些人，像儒、墨、俠士之流。韓非說：

「儒以文亂法，俠以武犯禁，而人主兼禮之，此所以亂也。夫離法者罪，而諸先生以文學取；犯禁者誅，而羣俠以私劍養。故法之所非，君之所取；吏之所誅，上之所養也。法趣上下，四相反也而無所定，雖有十黃帝不能治也。」（五蠹）

人民惑亂於國君賞罰所加與言行的關係，這也就是賞罰沒有以法和功罪爲準，所以才中立不知所由，無所適從。

要賞罰「當」的方法，是與毀譽一致。韓非說：

「明主之道，賞必出乎公利，名必在乎為上。賞譽同軌，非誅俱行。」（八經）

「故主施賞不遷，行誅無赦。譽輔其賞，毀隨其罰，則賢不肖俱盡其力矣。」（五蠹）

賞罰在臣民行爲是否出於公利，卽是否合於法上。而毀譽則要輔助賞罰，而與賞罰俱行，名譽的爲毀爲譽，亦在臣民的行爲如何而定。這也就是以實際行爲上的功過來決定賞罰的意思。

第五章　法治的成效

第一節　對國家而言

法治對當時國家而言，可以使國家富强，富强則有力，有力則不畏人攻而又可攻人。所以在「當今爭於氣力」（五蠹）的時代，如何使國家有力，爲當時急務。要强國先自內政下手，所謂「治强不可責於外，內政之有也。」（同上）

法治就是以强化內政，先求富强，不畏人攻，而又有餘力攻人爲主的政治。韓非說：

「嚴其境內之治，明其法禁，必其賞罰，盡其地力，以多其積，致其民死，以堅其城守。天下得其地則其利少，攻其國則其傷大，萬乘之國，莫敢自頓於堅城之下，而使强敵裁其弊也。此必不亡之術也。」（五蠹）

法治有如此良好效果，所以爲君者，先要「國有常法」（飾邪），次要明法、奉法强。所謂：「明於治之數，則國雖小，富；賞罰敬信，民雖寡，强。賞罰無度，國雖大，兵弱者，地非其地，民非其民也。」（同上）

國君以法治國，賞罰敬信，可以使國君和臣下的關係「明辯而易治」（有度），而且上下言行一致。因爲：

「明主之國，令者言最貴者也；法者事最適者也；言無二貴，法不兩適，故言行而不軌於法令者必禁。……上必采其言而責其實，言當則有大利，不當則有重罪，是以愚者畏罪而不敢言，智者無以訟，此所以無辯之故也。」（問辯）

大臣奉公守法，力行而無辯，小民急耕戰捨末作而求富貴；國君明賞以勸，嚴刑以威，勵行法治，則臣民全心全意，盡死力於君。因此能兵強、主尊、而國富。此即韓非所謂：

「聖人之治也，審於法禁，法禁明則官法；（顧廣圻曰：法當作治。）必於賞罰，賞罰不阿則民用。官官治，（顧廣圻曰：當作民用官治四字。）則國富，國富則兵強，而霸王之業成矣。」（六反）

「仁人在位，下肆而輕犯禁法，偷幸而望於上。暴人在位，則法令妄而臣主乖，民怨而亂心生。故曰：仁暴者，皆亡國者也。」（八說）國君不論以仁或以暴來治國，都是亡國之政，而「法者，王之者也；（顧廣圻曰：者當作自。）刑者，愛之自也。」（心度）法治不但可以促成霸王的功業，更可成爲「帝王之政」（六反）。因爲在法治政治眞正實施的情形下，上下一體，齊心同力，邁向成功：「上無忿怒之毒，下無伏怨之患，上下交順，以道爲舍，故長利積，大功立，名成於前，德垂於後，治之至也。」（大體）

第二節　對國君而言

對國君而言，法治最大的好處在能「富國强兵」。此外，法治可以幫助國君用人、使人，終而達到「無爲」的目標。

前在法治的範圍一節中，已詳述國君應當以法擧用大臣，並以法考核大臣，作賞罰的依據。能如此，則一般人以爲國君選用大臣很不容易的顧慮，可以解除。因爲像伊尹，百里奚之流的仁義之人，在韓非認爲會「憂天下之害，趨一國之患，不辭卑辱」（難一）的主動前來効力，所以國君對這類人只要「無逆賢而已矣。」（難二）

其他的人，在國君重賞之下，爲滿足自己的欲望，也會爲君効力。所謂：

「官職所以任賢也，爵祿所以賞功也，設官職，陳爵祿，而士自至，君人者奚其勞哉！」（難二）

再不然，國君可以用威勢，用刑罰來命令臣民爲他効力。所謂：

「明主者，使天下不得不為己視，不得不為己聽，……故善任勢者國安，不知因其勢者國危。」（姦劫弑臣）

賞罰都不能動其心的人，則國君無法令其爲己所用，只有除之一途。所謂：「賞之譽之不勸，罰之毀之不畏，四者加焉不變，則除之。」（外儲說右上）

由此可見，國君用人，只要以法爲準，就不會再爲得不到賢能的大臣而苦惱了。這就是「索賢不爲人主難」（難二）的原因。

國君不爲索賢所苦，却要爲使人所勞。大臣既用，則需時時考核他們言行是否一致，做事是否合法而有功，這種監督、考核的工作，就要靠術。考核以後行賞罰的輕重多少，也要看國君用術的高明與否。而監督、考核、賞罰，實質上根據的又是甚麼？簡單的說就是「法」。因此，法又是術的依據。

國君以法用人、使人，輔之以術，就可以「無爲」。以法用人使人，則大臣是：「宰相必起於州部，猛將必發於卒伍。夫有功者必賞，則爵祿厚而愈勸，遷官襲級，則官職大而愈治。夫爵祿大而官職治，王之道也。」（顯學）大臣守法而努力，國君自然輕鬆愉快，不必用耳目思慮，仍能治國，所以說：「以法治國，舉措而已矣。」（有度）

第三節　對臣民而言

國君治國能不隨世俗的毀譽用人，不以己意的好惡用人，而一切責求之以功，賞罰之以法，對大臣而言，第一項意義是：杜絕姦邪與私門。「明主者，推功而爵祿，稱能而官事，所舉者必有賢，所用者必有能，賢能之士進，則私門之請止矣。」（人主）但這仍是消極的，積極的效果是保護了忠臣。

忠臣每不見容於姦邪，爲了避免「忠臣危死於非罪，姦邪之臣安利於無功」（有度），只有法治。否則，忠臣們「處非道之位，被衆口之譖，溺於當世之言，而欲當嚴天子而求安，幾不亦難哉。（顧廣圻曰：幾當在難字下。）此夫智士所以至死而不顯於世者也。」（姦劫弒臣）杜絕姦邪私門，保護忠良法術之臣，最好的方法就是法治。法治可使「臣得陳其忠而不弊，（顧廣圻曰：弊當作蔽。）下得守其職而不怨。」（同上）

法治先要嚴格要求大臣守法：「人主使人臣，雖有智能，不得背法而專制；雖有賢行，不得踰功而先勞；雖有忠信，不得釋法而不禁；此之謂明法。」（南面）

再次，善用賞罰，可使「百官不敢侵職，羣臣不敢失禮。上設其法，而下無姦詐之心。」（難一）而其極致是要：「羣臣居則修身，動則任力，非上之令不敢擅作、疾言、誣事。」（說疑）人人都成爲霸王之佐。

國君以法來治官吏，尤重於以法去治人民。因爲：「聞有吏雖亂，而有獨善之民，不聞有亂民而有獨治之吏。故明主治吏不治民。」（外儲說右下）官吏是親民的長官，直接掌握與操縱人民的生命財產，所以國君行法先要使大臣小吏都能奉公守法：「官不敢枉法，吏不敢爲私」（八說），而都成爲堪做霸王之佐的忠臣。

最後，消極的去除六種「姦僞無益之民」（六反），積極的培養「耕戰有益之民」（同上）。法治的成效對人民而言，就是要求人民成爲下述的各種「耕戰有益之民」，人民自己受利，國家也受利。韓非說：

「赴險殉誠，死節之民。（王先愼曰：民下當有也字。）……寡聞從令，全法之民也。……力作而食，生利之民也。……嘉厚純粹，整穀之民也。……重命畏事，尊上之民也。……挫賊過姦，明上之民也。……」（同上）

結語

韓非的法治思想，純爲應付當時的急需而立論。因爲法治是韓非爲「爭於氣力」的時代而設計的治國大政方針，所以頗能適合當時環境。其中雖然有他的法治理想，但實際影響於當時國君的，却只是那一套現實的治國辦法而已。

法治的基本精神在公平、公正、公開；法治的基本做法，在建立用人、賞罰、行政的制度。在君主時代，法治的成敗與否，關鍵似乎在國君的態度與做法上，所以韓非又有用術的理論，希望透過術的運用，能確保法治的實施。

第五篇　韓非的用術思想

法和術都是治國的要務，是鞏固君勢的要件。韓非說：

「問者曰：『申不害，公孫鞅，此二家之言孰急於國？』

「應之曰：『是不可程也。人不食，十日則死；大寒之隆，不衣，亦死；謂之衣食孰急於人；則是不可一無，皆養生之具也。今申不害言術，而公孫鞅為法。術者，因任而授官，循名而責實，操殺生之柄，課羣臣之能者也。此人主之所執也。法者，憲令著於官府，刑罰必於民心，賞存乎慎法，而罰加乎姦令者也。此臣之所師也。君無術則弊於上，臣無法則亂於下，此不可一無，皆帝王之具也。』」（定法）

法是公開的，是臣下所師的；而術是秘密的，是國君所執的。在韓非思想中，都是國君治國不可一無的「帝王之具」。

申不害是在韓非以前，以指導國君用術出名的政治家。司馬遷的史記說：

「申不害者，京人也。故鄭之賤臣，學術以干韓昭侯。昭侯用為相，內脩政教，外應諸侯。十五年，終申子之身，國治兵強，無侵韓者。申子之學，本於黃老，而主刑名。著書二篇，號曰申子

。」（老莊申韓列傳）

根據這段記載，可知申不害用術治韓，確有一番貢獻。所以後來學者大多視他爲重術派的法家。

韓非對申不害的批評可分兩點：

一、用術於上，而法不勤飾於官。因而「申不害雖十使昭侯用術，而姦臣猶有所譎其辭矣。故託萬乘之勁韓，七十年而不至於霸王（顧廣圻曰：七十當作十七。）……」（定法）

二、申不害未盡於術。前項是批評申不害只知用術而不知行法，此點則更深入去批評申不害連術都用的不夠精深。韓非說：「申子言治不踰官，雖知弗言。治不踰官，謂之守職也可（顧廣圻曰：也可當作可也。）知而弗言，是謂過也。」（定法）

治不踰官，是不越權，嚴格說：只是守職而已，假若知而不言，在韓非認爲不夠。人人知而不言，國君又將如何察知臣下的姦邪？國君用術而仍不能明察，就是未盡，就是缺點。韓非就在申不害原有的基礎上，補充、發揮，完成他的用術思想。

第一章　爲何要用術

國君是一國當中最有「勢」的人，地位最高，權力最大，財富最多，但也成了衆矢之的，成了大家爭權奪利的共同目標。臣和君爭，可能的結果是：小而君權削滅、國力衰弱；大而篡弑殺身、國破家亡。所以國君爲鞏固君勢，不能不用術。

法治是强國唯一途徑，可是嚴刑峻法，並不一定爲羣臣士民所喜歡。況且法治是以國和君的利益爲第一優先，而未必與臣下的利益一致，所以也往往會有臣下破壞法治，行私求利的情事發生。而此種情形對國對君都是極不利的，所以國君爲了確保法治的實行，也有用術的必要。

第一節　君臣異利

導致前述臣下窺伺君勢、廢法行私的基本原因，在：君臣異利。韓非說：「君臣之利異，故人臣莫忠。故臣利立而主利滅。（王先愼曰：臣上故字當衍。）」（內儲說下）這說明君臣之間的利，不但是「異」，甚而可能相反。臣利立，則主利滅，而主利立，更可能使臣利失。

君臣之間的利，爲何會相異甚而相反呢？韓非說：「主利在有能而任官，臣利在無能而得事；主利在有勞而爵祿，臣利在無功而富貴；主利在豪傑使能，臣利在朋黨用私。」（孤憤）君臣的地位不同，所想求的利也就不同，如果君臣的利能同時滿足猶可，否則必然有衝突。

臣下為了滿足私利，可能無所不為。因為君臣之間是視力量而定關係的，並無感情可言。韓非說：「人臣之於其君，非有骨肉之親也，縛於勢而不得不事也。」（備內）當臣下的力量強大時，可能攘奪君勢，獲取私利：

「國地削而私家富，主上卑而大臣重。故主失勢而臣得國，主更稱蕃臣，而相室剖符，此人臣之所以譎主便私也。」（孤憤）

再嚴重點，可能危害國家：

「是以姦臣者，召敵兵以內除，舉外事以眩主，苟成其私利，不顧國患。」（內儲說下）

最嚴重的情形是弒君：

「為人臣者窺覘其君心也，無須臾之休，而人主怠慠處其上，此世所以有劫君弒主也。」（備內）

因為君臣異利，所以國君不能輕易相信臣下。韓非說：「人主之患，在於信人，信人則制於人。」（備內）臣下的不可信，因為無骨肉之親；即使夫妻之間，也不可信。因為：「夫妻者，非有骨肉之恩也，（王先愼曰：恩疑親之誤。）愛則親，不愛則疏。語曰：『其母好者，其子抱。』然則其為之反也，其母惡者其子釋。」（同上）所以后妃一旦色衰愛弛，必然會「身死見疏賤，（顧廣圻曰：死字當作疑。）而子疑不為後，此后妃夫人之所以冀其君之死者也。」（同上）韓非舉例說：

「爲人主而大信其子，則姦臣得乘於子以成其私，故李兌傅趙王而餓主父。爲人主而大信其妻，則姦臣得乘於妻以成其私，故優施傅麗姬，殺申生而立奚齊。」（備內）

所以韓非的結論是：「夫以妻之近與子之親，而猶不可信，則其餘無可信者矣。」（同上）

不相信任何人，是因爲任何人都可能和國君的利益相異，因爲相異，所以大家可能想盡辦法來滿足自己，卽使作姦犯科，也在所不惜。因此防姦止亂也是用術的目的之一。

第二節　防姦止亂

韓非說：「亂之所生，六也：主母、后姬、子姓、兄弟、大臣、顯賢。」（八經）亂禍姦邪，來自三方面：一是國君家族內部，所謂主母、后姬、子姓、兄弟。一是朝廷外面，所謂大臣和顯賢。另一則是介於二者之間的左右近習之人。

國君不可相信任何人，包括自己家族內的人，其原因是這些人也未必人人都和國君同利，所以韓非告誡國君說：「備其所憎，禍在所愛。」（備內）韓非論到國君所應當考察的六微，其中一項就是「參疑內爭」（內儲說下）。參疑就是權勢相似相等，「孽有擬適之子，配有擬妻之妾」（說疑），這是危亂的主因。

后妃爭寵，連帶的使嫡庶公子們爭位，這就是國君家族內的不和諧。領導階層不穩定，國家要受影響。例如：

「晉獻公之時，驪姬貴，擬於后妻，而欲以其子奚齊代太子申生。因患申生於君而殺之，（王先慎曰：患當作惡。）遂立奚齊為太子。」（內儲說下）

驪姬的爭寵立子，使晉獻公寃死了太子申生，逼走了次子重耳、三子夷吾。晉國政局從此動盪不安，國力漸弱。直到重耳返國，重整旗鼓，晉國才再振興。這隱藏在宮廷內的蕭牆之禍，如何的可怕，已不言而喻。

國君左右近習的人，因爲接近國君，所以容易伺察君心，從而上下其手，翻雲覆雨。他們「積於私門，盡貨賂，而用重人之謁，退汗馬之勞。」（五蠹）勾結朝中大臣，賣官鬻爵，成爲邦國的蠹蟲。同時這批人「出則爲勢重而收利於民，入則比周而蔽惡於君。內間主之情以告外，外內爲重，諸臣百吏以爲富。（王先愼曰：富當作輔。）」（外儲說右上）韓非認爲這種人串通內外，兩面傾側，爲非作歹，是國之「社鼠」，當除而不易除。

國有社鼠已足爲患，更嚴重的是朝中大臣，有的如「猛狗」：「故人臣執柄而擅禁，明爲己者必利，而不爲己者必害，此亦猛狗也。夫大臣爲猛狗，而齕有道之士矣。」（外儲說右上）有的更如「虎」、如「賊」：「弑其主，代其所，人莫不與，故謂之虎。處其主之側，爲姦臣，（王念孫曰：臣當作匿，匿讀爲慝。）聞其主之忒，（王念孫曰：聞爲閒之譌。）故謂之賊。」（主道）

臣下行私成姦的方法很多，而國君往往不察，甚至被利用而不自知。韓非說：

「人臣有五姦，而主不知也。為人臣者：有侈用財貨賂以取譽者；有務慶賞賜予以移衆者，有務朋黨，狥智尊士以擅逞者；有務解免，赦罪獄以事威者；有務奉下，直曲怪言，偉服瑰稱，以眩民耳目者。」（說疑）

這五種都是表面堂皇，實則陰謀不軌的作法，而國君往往不察。而「託於似類」（內儲說下）的作法，故布疑陣，利用國君的力量來成己之私，就更厲害了。

事實上姦臣往往勾結內外，併力一致來欺君，后妃子弟固有賴於朝中大臣的助力，朝中大臣亦有求於宮中的奧援，而居間策應連絡者則爲左右近習的人。總之，彼輩成姦有八術：

「一曰同牀。……二曰在旁。……三曰父兄。……四曰養殃。……五曰民萌。……六曰流行。……七曰威強。……八曰四方。……」（八姦）

簡單的說，同牀，是朝臣勾結后妃、公子以成私。在旁，是朝臣勾結左右近習之輩以成私。父兄，是朝臣勾結公子重臣以成私。養殃，是臣下壓榨人民，滿足國君享受以成私。民萌，是臣下討好百姓，收攬民心，取得名譽以欺君。流行，是臣下買通辯士，異口同聲，同一論調以欺君。威强，是臣下勾結劍客、死士，脅迫百姓，彰明己威而行私。四方，則是臣下虛耗國庫民力，借外力以壓主的作法。「敵國廢置」（內儲說下）的情形，卽與四方相似，國君不察，就會中敵國之計，而廢置大臣。

國君身邊的任何人，都可能心懷叵測，爲了要不受欺瞞，不被劫殺，只有去察姦，其方法就是用術。

第三節 聽言不惑

由春秋時代卽逐步形成學術普及的趨勢，到戰國時代，造成了百家爭鳴，處士橫議的情形。在學術上有儒家、道家、墨家、法家、兵家、名家、縱橫家、陰陽家、農家、雜家等不同的思想。在實際運用上，遊說、上書是主要方法，而遊說尤爲大家所重視所普遍採用。

縱橫家如蘇秦、張儀之流，固然是逞三寸不爛之舌的能手，卽是亞聖孟子，也周遊列國，遊說以干時君，而且有「說大人則藐之，勿視其巍巍然。」（孟子盡心）的話。韓非以一先天口吃的人，特別寫說難一文，暢論遊說之道。這一切都在證明一件事：求仁政的實行、學說的採納靠遊說；求布衣而爲卿相，也靠遊說；而求滿足私欲，得寵於國君，更不能不用遊說。

「人主者，利害之軺轂也。射者衆，故人主共矣。」（外儲說右上）國君是所有遊說者最後的目標，不論存心如何，目的如何，都向着國君一人而發，國君於是成了「聽言」的人。遊說者的話，對國君有的有利，有的有害，利害中還有大小輕重的不同。何者當用？何者當去？都取決於國君，而一旦決定，用與不用都可能影響國家的興亡盛衰。所以國君的聽言，不僅只是聽聽罷了，而變成一個重要問題，而且是關係重大的問題。

「海內之士，言無定術，行無常議。」（顯學）每人所說各自不同，除了「擧先王，言仁義者盈廷」（五蠹）以外，還有人爲「棘刺白馬之說」（外儲說左上），也有一些「言有纖察微難，而非務也；（王先謙曰：而字當衍。）……論有迂深閎大，非用也」（同上）的理論，再加上言縱言橫的遊說專家，往往把國君的心智擾亂了，迷失自己，屈服在遊說者的辯才之下。

國君聽信一種理論，照着作下去，成敗總有個結果，功過也可以有公論。很不幸的，國君常是「兼聽雜學謬行同異之辭」（顯學），如此一來有功大家爭，有過大家推，是非功過沒有定論。這刺激人民都去習言談，求僥倖了。而且是只說而不做，所謂「言耕者衆，執耒者寡也。……言戰者多，被甲者少也。」（五蠹）治國沒有一定方針，忽東忽西，忽左忽右，其前途也就可想而知了。

至於左右近習與后妃內廷的言辭，大臣故意造出的輿論，卽上節所謂的「流行」，也都可能有害於君和國。這朝廷內外，來自不同地方，不同遊說者的言辭，對國君構成一大威脅。如何解除？唯有用術，用聽言的術來加以辨別取捨。

第四節　無爲而治

「知之難，不在見人，在自見。故曰：『自見之謂明。』」（喻老）人貴自知，而國君位高權重，更是臣下耳目視聽的焦點，萬衆矚目，一擧一動，都足以影響全局。

「凡姦臣皆欲順人主之心，以取信幸之勢者也。是以主有所善，臣從而譽之；主有所憎，臣因而毀之。」（姦劫弒臣）姦臣時時刻刻都在窺伺國君的喜怒好惡，以便自己學習揣摩，順從國君心意，求得好感，獲取私利，所以韓非說：「是以好惡見，則下有因，而人主惑矣。辭言通，則臣難言，而主不神矣。」（外儲說右上）又說：「故君見惡，則羣臣匿端；君見好，則羣臣誣能。人主欲見，則羣臣之情態得其資矣。」（二柄）

臣下瞭解了國君的好惡欲望，消極的可以經過掩飾而自保，得以全身無過。因爲：「上用目，則下飾觀；上用耳，則下飾聲；上用慮，則下繁辭。」（有度）韓非舉例說：

「人主有二患：任賢，則臣將乘於賢以劫其君；妄舉，則事沮不勝。故人主好賢，則羣臣飾行以要君欲，則是羣臣之情不效，羣臣之情不效，則人主無以異其臣矣。」（二柄）

積極的，姦臣可以利用君欲而侵犯君權，甚而劫殺國君。韓非舉例說：

「故越王好勇，而民多輕死；楚靈王好細腰，而國中多餓人；齊桓公妬而好內，故豎刁自宮以治內；桓公好味，易牙蒸其子首而進之；燕子噲好賢，故子之明不受國。…故子之，託於賢以奪其君者也；豎刁易牙，因君之欲以侵其君者也。其卒，子噲以亂死，桓公蟲流出戶而不葬。」（同上）

總之，一切問題都出在國君沒有掩飾自己的情欲，反而給予臣下以可乘的機會上面。因此，國君要有術來隱蔽自己，令臣下不能測度，不能有所因，這是消極的作法。至於積極的作法，則是要有運用臣下的術。

國君的智慧、能力未必出衆，所以在「力不敵衆，智不盡物」（八經）的情形下，與其用一己的力量，不如用全國人的智慧與力量。所以韓非說：「人主以一國目視，故視莫明焉；以一國耳聽，故聽莫聰焉。」（定法）這就是用臣的術。

運用臣下還要考核臣下，但是事實上「爲人主而身察百官，則日不足、力不給。」（有度）韓非批評子產治國不知術，是因爲子產，「姦必待耳目之所及而後知之，則鄭國之得姦者寡矣。」（難三）韓非的意思是：「下君，盡己之能；中君，盡人之力；上君，盡人之智。」（八經）

國君有五壅，不知則有失勢的事；有五患，不知則有劫殺的事；這就是考核臣下的重點。五壅是：

「臣閉其主曰壅，臣制財利曰壅，臣擅行令曰壅，臣得行義曰壅，臣得樹人曰壅。臣閉其主則主失位，臣制財利則主失德，臣擅行令則主失制，臣得行義則主失名，臣得樹人則主失黨。此人主之所以獨擅也，非人臣之所以得操也。」（主道）

五患是：

「父兄賢良播出，曰遊禍，其患鄰敵多資。僇辱之人近習，曰狎賊，其患發忿疑辱之心生。藏怒持罪不發，曰增亂，其患徼幸妄舉之人起。大臣兩重提衡而不踦，曰卷禍，（孫詒讓曰：卷當作養。）其患家隆劫殺之難作。（孫詒讓曰：隆讀為閧。）脫易不自神，曰彈威，（王先謙曰：彈疑為殫。）其患賊夫酖毒之亂起。此五患者，人主之不知，（王先慎曰：之字當衍。）則有劫殺之事。」（八經）

總之，君臣異利，爲免臣下利用君欲而行姦私，要藏欲藏能而無爲，要無爲就需用術。

第二章　術的意義和與法勢的關係

第一節　術的意義

韓非對術的說明是：

「術者，藏之於胸中，以偶衆端，而潛御羣臣者也。…而術不欲見。…用術，則親愛近習，莫之得聞也，不得滿室。」（難三）

「明主之所道制其臣者，二柄而已矣。二柄者，刑德也。何謂刑德？曰：殺戮之謂刑，慶賞之謂德。」（二柄）

「術者，因任而授官，循名而責實，操殺生之柄，課羣臣之能者也。此人主之所執也。…君無術則弊於上，…此不可一無，皆帝王之具也。」（定法）

術的意義，由上面三段文字分析，可分幾個步驟來講：

最初的術，是指隱藏在國君心胸之中的一種領導統御觀念。此一觀念就是要國君對外在的「衆端」加以考察。外在的衆端，不論是言或者是事，都是出自羣臣，其中有利有害，利害之中，又有輕重大小的分別。當來自不同的人，所說的不同的話，所作的不同的事，所得的不同的結果，都呈現在國君面前時，國君必須加以鑑別。用術來明辨人的忠奸，言的眞假，事的成敗和結果的利弊。建立這種觀念，就是領導統御羣臣的第一步，也是求國家富强的第一步。沒有這種觀念，只是一個昏君，是非不明，任人擺佈，終至失勢亡國而已。

明辨臣下的是非功過以後，第二步就要運用權柄來分別給予獎勵或懲罰。這個道制臣下的刑德二柄，必須國君一人獨操，才可以收到臣下利賞畏罰的效果。臣下利賞畏罰，才會一切言行以國君的意旨爲依歸，否則逆君必死。能如此，就可以消極的使臣下不敢輕啓邪念，行私害公；積極的，使臣下依國君的意旨努力向前。

國君在考察衆端，明辨功過以後，行使賞罰的生殺大權，此時並不是術的結束。因爲賞罰的漫無標準，輕重不當，可能使前功盡棄，甚而導致大亂。所以第三步是：術要以法爲標準，也就是「因任而授官，循名而責實，操殺生之柄，課羣臣之能」（定法）的意思。

眞正會用術的國君，是懂得行法治的人。以法任人，以功授官，以法循名責實，課臣下之能，再以法行賞罰。這就是韓非用術的整個過程和意義所在。

第二節　術與法的關係

術在韓非思想中的地位，是兩個「帝王之具」（定法）之一，與法不可分。而又與法共同成爲羣固君勢的必要條件。術和法是相輔相成的，術是「藏之於胷中，以偶衆端，而潛御羣臣」（難三）的一種隱密的領導統御謀略，在暗中促成法治的實現，所以術實際運用到表面上時，是「因任而授官，循名而責實，操殺生之柄，課羣臣之能」（定法）的一種情形。

韓非子書中說到舜治國的方法是：

「歷山之農者侵畔，舜往耕焉，朞年甽畝正。河濱之漁者爭坻，舜往漁焉，朞年而讓長。東夷之陶者器苦窳，舜往陶焉，朞年而器牢。」（難一）

韓非對舜這種作法，大加批評，他說：

「且舜救敗，朞年已一過，三年已三過，舜有盡壽有盡，（顧廣圻曰：上有盡二字當衍。）天下過無已者，以有盡逐無已，所止者寡矣。賞罰使天下必行之，令曰：『中程者賞，弗中程者誅。』令朝至暮變，暮至朝變，十日而海內畢矣，奚待朞年？舜猶不以此說堯令從己，乃躬親，不亦無術乎？」（同上）

由此可見，舜不懂用賞罰這種權柄，也就是不懂實行以賞罰爲主的法治，而一切以自身爲表率去躬親化民的作法，是不合乎無爲而治的要求的，是無術的。

有術的國君必須要知道運用法治中的賞罰。韓非說：「有術之主，信賞以盡能，必罰以禁邪，雖有駁行，必得所利。」（外儲說左下）又說：「主之所用也七術；所察也六微。七術……二曰：必罰明威，三曰：信賞盡能。……」（內儲說上）

「有術之國，去言而任法。」（制分）去言，就是要國君聽言有術，去虛言妄言。若是聽其言就冒然用其人，可能用錯，所以國君還要用人有術。「無術以任人，無所任而不敗。……故無術以用人，任智，則君欺；任修，則事亂；此無術之患也。」（八說）聽言的術，是要言論合乎公利，合乎國法，而且能夠付諸實行。用人的術是依法用人，循名責實的用人，不是以個人喜怒好惡用人。

「明主之國，官不敢枉法，吏不敢爲私，貨賂不行，是境內之事，盡如衡石也。此其臣有姦者必知，知者必誅。是以有道之主，不求清潔之吏，而務必知之術也。」（八說）爲求法治確切實行，國君要有必知的術，以必知的術去用人、察姦、核實。

「有術之君，不隨適然之善，而行必然之道。」（顯學）必然之道就是法。能行法的國君，就是有術的國君。「明主之道，一法而不求智，固術而不慕信，故法不敗，而羣官無姦詐矣。」（五蠹）這說明了用術在確保法治實行，用法在使術有所依歸，法術並行，相輔爲用的關係。

第三節　術與勢的關係

「勢者，勝衆之資也。」（八經）

「勢重者，人主之淵也。臣者，勢重之魚也。魚失於淵，而不可復得也；人主失其勢重於臣，而不可復收也。」（內儲說下）

勢是國君爲甚麼能成爲國君，爲甚麼能駕凌臣民之上的一個地位。有了這個地位，就連帶而有了權力，如何使這個勝衆的權力發揮到極點，韓非認爲有賴於行法和用術（參閱第三篇韓非的重勢思想第四章第一節人設之勢的內容）。所以術和勢的關係是因有勢而後有術，而術的作用在鞏固勢。

「人主之大物，非法則術也。」（難三）法是臣民言行所師的唯一標準，術是監督臣民言行是否合法，並加以賞罰的一個權力。術是爲鞏固君勢而有的，所以國君的術要獨操，要秘用。放棄用術或失去用術的權力，就等於失去了勢，這時身邊任何人都可以輕易傷害國君。

「善任勢者國安，不知因其勢者國危。」（姦劫弒臣）善任勢就是要能夠用術：

「先王以三者為不足，（按：三者為目、耳、慮。）故舍己能，而因法數，審賞罰。先王之所守要，故法省而不侵。獨制四海之內，聰智不得用其詐，險躁不得關其佞，姦邪無所依。遠在千里外，不敢易其辭。勢在郎中，不敢蔽善飾非。朝廷羣下，直湊單微，不敢相踰越。故治不足而日有餘，上之任勢使然也。」（有度）

用術察姦御臣，使外臣不敢欺，內臣不敢蔽，確行法治，就是善任勢，也就能鞏固勢。

第三章 術的特質

術是當時一般學者不願公開談論的問題，重仁愛重感情的儒墨之流，講的是「君道」，不是「君術」。道給人的感覺是光明正大，術則似乎不夠磊落。法家一派的學者，重現實、講實效，所以術既爲治國所不可少，就應提出而且加以闡發。韓非的術，其特質約而言之有三：獨操、秘密、虛靜。

第一節 獨操

因爲君臣異利，所以國君不可輕易相信他人，術就是幫助國君鞏固地位，不被臣下所欺所制的利器，用術的對象是國君自身以外的任何人。既以己身以外的任何人爲用術對象，自然不能同時供他人使用，或完全容許他人使用，這就是要國君獨操的意思。

法術二者同爲治國之具，法是「人臣之所師」（定法）的言行準則，而術則是「人主之所執」（同上）的統御工具。但是由於術的實際表現是賞罰，有賞罰的權力，就有勢，就可以生殺他人，所以這是人人所欲的，尤其是心存不軌的姦邪之臣夢寐以求的。韓非說：

「世之姦臣則不然，所惡則能得之其主而罪之，所愛則能得之其主而賞之。今人主非使賞罰之威利出於己也，聽其臣而行其賞罰，則一國之人，皆畏其臣而易其君，歸其臣而去其君矣。此人主失刑德之患也。夫虎之所以能服狗者，爪牙也。使虎釋其爪牙，而使狗用之，則虎反服於狗矣。人主者，以刑德制臣者也，今君人者釋其刑德，而使臣用之，則君反制於臣矣。」（二柄）

國君此一先天而有的權柄，就是「人主之爪牙」（人主）。國君失去爪牙，就不成其爲國君。韓非舉例說：

「田常上請爵祿而行之羣臣，下大斗斛而施於百姓，此簡公失德而田常用之也，故簡公見弒。子罕謂宋君曰：『夫慶賞賜予者，民之所喜也，君自行之；殺戮刑罰者，民之所惡也；臣請當之。』於是宋君失刑而子罕用之，故宋君見劫，田常徒用德而簡公弒，子罕徒用刑而宋君劫，故今世爲人臣者，兼刑德而用之，則是世主之危，甚於簡公宋君也。故劫殺擁蔽之主，（顧廣圻曰：擁當作壅。）非失刑德而使臣用之，（俞樾曰：非字衍文。）而不危亡者，則未嘗有也。」（二柄）

由上面的事例，可知術不能不由國君獨操。

術不能被奪，也不能被共用。韓非說：「權勢不可以借人，上失其一，下以爲百。」（內儲說下）又說：「威不貸錯，制不共門。威制共，則衆邪彰矣。」（有度）又說：「賞罰共，則禁令不行。」（外儲說右下）這都是强調獨操的重要性。

君術被臣下分去共用，可以看到的結果是：「臣得借則力多，力多則內外爲用，內外爲用則人主壅。」（內儲說下）人主失權柄而被壅，在五個方面：

「臣閉其主則主失位，臣制財利則主失德，臣擅行令則主失制，臣得行義則主失名，臣得樹人則主失黨。」（主道）

韓非更舉御馬、鼓琴的例子說明君勢的不可共，也就是君術的不可共。他說：

「王良、造父，天下之善御者也。然而使王良操左革而叱咤之，使造父操右革而鞭笞之，馬不能行十里，共故也。田連、成竅，天下善鼓琴者也。（王先慎曰：善字上當有之字。）然而田連鼓上，成竅擫下，而不能成曲，亦共故也。夫以王良、造父之巧，共轡而御，不能使馬，人主安能與其臣共權以為治？以田連、成竅之巧，共琴而不能成曲，（王先慎曰：依上文，琴上當脫鼓字。今按：依上文，鼓字當在而字下。）人主又安能與其臣共勢以成功乎？」（外儲說右下）

防止術的被臣下所共用或奪取，術在運用時應該祕密。

第二節　祕　密

「言通事泄，則術不行。」（八經）術既爲國君所獨操，既是對自身以外任何人運用，假若用術而爲他人所知，臣民必有所防備。在此情形下，術無法用，即使用也將失去理想的效果。所以用術要祕密。

術應該是「藏之於胷中，以偶衆端，而潛御羣臣者也。」（難三）藏在國君胸中的本身，即有不欲人知的用意在，何況還要暗中偶合衆端，要「潛」御羣臣？所以術是「不欲見」（同上）的帝王之具。

術不但不欲見，還要絕對作到「親愛近習，莫之得聞也，不得滿室」（難三）的程度。在本篇第一章第二節就說到，國君身邊的后妃、衆公子，都可能因爲與國君利害不同而危及國君，而術也就在防備這些人的種種姦謀，那自然不能讓這批「親愛近習」得以聞知，知道國君在對他們用術了。親愛近習尚且不能得知，何況其他大臣。

法要顯，要「境內卑賤莫不聞知」（難三），而術則正相反，要祕，所謂「道在不可見，用在不可知」（主道）。國君要謹其閉，固其門，「大不可量，深不可測」（同上），才能斷絕臣下竊奪國君權柄的邪念。韓非說：「絕其望，破其意，毋使人欲之」（同上）就是此意。

「凡治之極，下不能得。」（揚權）如何保持祕密，不令任何人得知，因而有所戒備，或因緣而進呢？成敗就全在國君一個人身上，韓非教給國君的辦法是先造成神秘感。韓非舉例說：

「周主下令索曲杖，吏求之數日不能得。周主私使人求之，不移日而得之。乃謂吏曰：『吾知吏不事事也。曲杖甚易也，而吏不能得。我令人求之，不移日而得之，豈可謂忠哉！』吏乃皆悚懼其所，以君為神明。」（內儲說上）

令臣下悚懼，以君爲神明，就是祕密用術所造成的。如何能神祕而不被臣下測知國君的一切？則唯有虛靜。

第三節 虛靜

「明主其務在周密。」（八經），周密則不能測，不能測就神祕。國君周密之道，就是虛靜。虛就是心無成見，靜就是行動不躁。韓非說：

「明君守始，以知萬物之源；治紀，以知善敗之端。故虛靜以待令，（梁啓雄曰：令字似行。）令名自命也，令事自定也。虛則知實之情，靜則知動者正。（兪樾曰：知字當作為。）」（主道）

只有自己處於「虛」的境界，才能知道他人的「實」是甚麼情形。如果自己已經是「實」，又那能輕易的容下他人的「實」？又那能客觀瞭解或利用他人的「實」？處於「虛」，就是要心無成見，去除先入爲主的弊病。「不離位曰靜。……靜則能使躁。故曰：『重爲輕根，靜爲躁君。』」（喻老）自己處於虛，還要保持「靜」。以自己的「靜」，來制他人的「動」；也只有自己靜，才能看出他人的動是否對。自己與他人同時動，由旁觀者成了當局者，不但不容易看清他人，反而容易迷失自己。

因爲國君「喜見則德償，怒見則威分」（八經），「君見惡，則羣臣匿端；君見好，則羣臣誣能。人主欲見，則羣臣之情態得其資矣。」（二柄）所以求「虛」的辦法就是不表現自己的欲，不表現出自己的喜、怒、好、惡，即所謂「去好去惡」（主道）和「去智去巧。」（揚權）

「人主之道，靜退以爲寶。」（主道）「用一之道，以名爲首。名正物定，名倚物徙。故聖人執一以靜。」（揚權）求「靜」的辦法就是「不自操事」（主道）、「不自計慮」（同上）和「使名自命，令事自定」（揚權）。

「事在四方，要在中央。聖人執要，四方來效，虛而待之，彼自以之。」（揚權）國君處於虛靜的境界，去喜怒、去好惡、去智巧，虛而且靜的等待四方之事的來到。再讓臣下「有言者自爲名，有事者自爲形」（主道），而國君則「因而任之，使自事之；因而予之，彼將自舉之；正與處之，使皆自定之。」（揚權）一切由臣下自行定名、任事。而國君無需親自操事，只要參同形名，就能得知臣下的眞實情狀。在「形名參同，君乃無事焉，歸之其情」（主道）以後，只剩下賞罰的工作，「符契之所合，賞罰之所生也。」（同上）

若是一切國君自爲，定名、任事，忙碌不休、形體勞頓猶在其次，萬一有錯，何以自處？不能虛靜，就不能達到無爲而治的理想，所以虛靜是國君必須經常要作到的事。韓非說：

「有智而不以慮，使萬物知其處；有行而不以賢，（王先愼曰：當作有賢而不以行。）觀臣下之所因；有勇而不以怒，使羣臣盡其武。是故去智而有明，去賢而有功，去勇而有強。羣臣守職，百官有常，因能而使之，是謂習常。故曰：『寂乎其無位而處，漻乎莫得其所。』（顧廣圻曰：漻讀為寥。）」（主道）

虛靜就是要去智、去賢、去勇，要寂寥，要習常。唯有「常」，才能久，才能永遠，才是聖人。所謂「聖人之道，去智與巧，智巧不去，難以爲常」（揚權）卽是此意。

第四章　術的實際運用

由於君臣異利，所以臣下可能以虛言妄言迷惑國君，也可能在作事情上違反國君的欲望和要求。一旦臣下不能盡職，則國君必然要親自用智力用體力去任事，到時就反而受制於臣下，終而導致殺身亡國。有鑑於此，韓非主張國君用術。術的實際運用，可以就察姦、聽言、參伍、無爲四方面加以說明。

第一節　察姦方面

臣下成姦的方式有八：同牀、在旁、父兄、養殃、民萌、流行、威強、四方。（參閱本篇第一章第二節防姦止亂）這分別自內外而來的姦謀，國君的應付方法是：

「明君之於內也，娛其色而不行其謁，不使私請。其於左右也，使其身必責其言，不使益辭。其於父兄大臣也，聽其言也，必使以罰任於後，（王先愼曰：使字衍文。）不令妄舉。其於觀樂玩好也，必令之有所出，（王先愼曰：之字當作知。）不使擅進不使擅退，（王先愼曰：下不使二字重。）羣臣虞其意。（注曰：虞，度也。）其於德施也，縱禁財，發墳倉，利於民者必出於君，不使人臣私其德。其於説議也，稱譽者所善，毀疵者所惡，必實其能、察其過，不使羣臣相為語。其於勇力之士也，軍旅之功無踰賞，邑鬭之勇無赦罪，不使羣臣行私財。（王先慎曰：財字衍文。）其於諸侯之求索也，法則聽之，不法則距之。」（八姦）

應付八姦的方法，概括的說，就是以法治來對抗，以法治來破其姦謀。不使私請，就要以法用人；不使益辭、責其言，就是令其言必合法；以罰任其後、不令妄擧，就是以法擧人，以法責功；實其能、察其過，也就是以功過來考核言語；其他鼓勵公戰、嚴禁私鬥，國君施德於民，也都在行法治的範圍內。

知道用術，也就知道該行法治，臣下姦謀明顯，自然容易應付，但臣下暗中行私爲姦，國君不知，也就無可奈何，所以伺察姦邪，國君首先要「知下明」（難三）。韓非說：

「知下明則禁於微，禁於微則姦無積，姦無積則無比周。無比周則公私分，（按：依前文上無比周三字當作無背心。依上下文例，下無比周三字當作知下明。）公私分則朋黨散，朋黨散則無外障距內比周之患。知下明則見精沐，（孫詒讓曰：沐當作悉。悉，詳盡也。下句同。）見精沐則誅賞明，誅賞明則國不貧。」（同上）

知下要有術，玆以數事爲例：

「龐敬，縣令也。遣市者行，而召公大夫而還之，立有閒，無以詔之，卒遣行。市者以為令與公大夫有言，不相信，以至無姦。」（內儲說上）

「戴驩，宋太宰。夜使人曰：『吾聞數夜有乘轀車至李史門者，謹為我伺之。』使人報曰：『不見轀車，見有奉笥而與李史語者，有間，李史受笥。』」（同上）

「韓昭侯握爪而佯亡一爪，求之甚急。左右因割其爪而效之。昭侯以此察左右之不誠。」（同上）

「韓昭侯使騎於縣，使者報，昭侯問曰：『何見也？』對曰：『無所見也。』昭侯曰：『雖然，何見？』曰：『南門之外，有黃犢食苗道左者。』昭侯謂使者：『毋敢洩吾所問於女。』乃下令曰：『當苗時，禁牛馬入人田中，固有令。而吏不以為事，牛馬甚多入人田中。亟舉其數上之，不得，將重其罪。』於是三鄉舉而上之。昭侯曰：『未盡也。』復往審之，乃得南門之外黃犢。吏以昭侯為明察，皆悚懼其所，而不敢為非。」（同上）

「陽山君相謂，（王先慎曰：謂當作韓。陽山當作山陽。）聞王之疑己也，乃偽謗樛豎以知之。」（同上）

「子之相燕。坐而佯言曰：『走出門者，何白馬也？』左右皆言不見。有一人走追之，報曰：『有。』子之以此知左右之不誠信。」（同上）

這六個事例，說明了國君想要「知下」時，可以運用的三種術：「疑詔詭使」、「挾知而問」和「倒言反事」（同上）。

疑詔詭使的作法是：「數見、久待而不任，姦則鹿散。使人問他，則不鬻私。」（內儲說上）龐敬就是用疑詔的方法，數見、久待而不任，明明無事，却故作神祕，他人不知其用意，所以公大夫和市者都不敢冒然爲姦。戴驩想察知李史的隱私，但又不希望派去察訪的人知道自己的眞正目的，所以故意用轀車作藉口，而使者不但不敢有所隱瞞，更不敢鬻私了。這就是詭使「使人問他，則不鬻私」（同上）的作法。

挾知而問的作法是：「挾智而問則不智者至。深智一物則衆隱皆變。」（內儲說上）韓昭侯握爪，就是以只有自己知道的事去試探臣下，觀察他們的反應，從而瞭解他們是否忠誠。這就是挾知而問則不知者至。韓昭侯使騎於縣，而使臣下悚懼，就因爲他先深知一物，準此推論，而得以獲知其他姦私。這就是深知一物則衆隱皆變。

倒言反事的作法是：「倒言、反事，以嘗所疑，則姦情得。」（內儲說上）山陽君故意批評王所寵信的樛豎，來求證王對他是否懷疑。如果眞有其事，樛豎必會在一氣之下，道出眞情。這就是故意用倒言來試探、刺激。子之相燕則是反事的例子，沒有的事偏說有，用以試探部下對自己的態度。

用術使國君「知下明」，就是使臣下不敢有姦邪的心思或作法，更不敢朋黨爲私。韓非說：「毋使民比周，同欺其上。」（揚權）不能讓任何人造成黨與，形成勢力，所以爲國君者，要「數披其木，毋使枝茂；木數披，黨與乃離。」（同上）否則「木枝扶疏，將塞公閭；……木枝外拒，將逼主處；……枝大本小，將不勝春風，不勝春風，枝將害心。」（同上）

黨與的出現，大多因爲有重臣，重臣是「言聽而力多者也」（八說）。重臣要去，而「遷官襲級，官爵授功」（同上）、「爵尊而官大」（同上）的貴臣也要防。韓非說：

「官襲節而進，以至大任，智也。其位至而任大者，以三節持之：曰質、曰鎮、曰固。親戚妻子，質也；爵祿厚而必，鎮也；參伍責帑，（王先慎曰：責帑當作責怒。）固也。賢者止於質，貪饕化於鎮，姦邪窮於固。」（八經）

這質、鎮、固就是防大臣一旦顯貴後可能爲姦的術。

第二節　聽言方面

察姦有術，防臣有術，但是任人以事，才是「存亡治亂之機」（八說），能在任人以事之前先作一番考察，自然比事後的察和防要有效。韓非說：

「無術以任人，無所任而不敗。人君之所任，非辯智則修潔也。任人者，使有勢也。智士者，未必信也，為多其智，因惑其信也。以智士之計，處乘勢之資，而為其私急，則君必欺焉，為智者之不可信也。（王先慎曰：為當作惟。）故任修士者，使斷事也，修士者未必智，為潔其身，因惑其智。以愚人之所惛，（王先謙曰：所字當衍。）處治事之官，而為其所然，則事必亂矣。故無術以用人，任智則君欺，任修則君事亂，此無術之患也。」（同上）

對辯智之流的人，要有聽言的術，對修潔的人，要有參伍的術。先說聽言的術。

國君用術，應當「虛靜」，所以聽臣下言辭時，要虛心，不妄加斷語；要靜，力守沉默，不加己意。如此才可以不負言責，不負事情失敗之責。韓非說：

「凡聽之道，以其所出，反以為之入。故審名以定位，明分以辯類。聽言之道，溶若甚醉。（俞樾曰：溶當作容。）脣乎，齒乎，吾不為始乎；齒乎，脣乎，愈惛惛乎。彼自離之，吾因以知之，是非輻湊，上不與構。」（揚權）

虛靜的聽言，臣下不能測知君主意向，只有自負言責。國君因爲虛靜，所以能「不言而善應，不約而善增。」（主道）以靜制動，以虛應實。

國君聽言，如果只聽一面之辭，就容易被臣下所蒙蔽。韓非說：「一聽，則愚智不分。」（內儲說上）他舉例說：

「齊宣王使人吹竽，必三百人。南郭處士請為王吹竽，宣王說之。廩食以數百人。宣王死，湣王立。好一一聽之，處士逃。」（同上）

齊宣王只偏好於聽三百人的大合奏，所以這三百人的愚智，吹的好壞，甚至會與不會，齊宣王並不十分瞭解，因而南郭處士敢去濫竽充數。當齊湣王要聽每一個人的獨奏時，他只有逃走。可見聽言要合聽，還要單聽，唯有多方面聽，比照聽，才可以有個證驗，否則「不以衆言參驗，用一人爲門戶者，可亡也。」（亡徵）

「觀聽不參，則誠不聞；聽有門戶，則臣壅塞。」（內儲說上）國君的觀聽有所參驗，則臣下言辭的忠奸可得。韓非說：

「聽不參則無以責下，言不督乎用，則邪說當上。言之為物也，以多信。不然之物，十人云疑，百人然乎，千人不可解也。吶者言之疑，辯者言之信。姦之食上也，取資乎衆籍，（王先慎曰：籍讀為藉。）信乎辯而以類飾其私。……有道之主，聽言督其用，課其功，功課而賞罰生焉。……凡聽之道，人臣忠論以聞姦，博論以內一人，主不智則姦得資。明主之道，己喜則求其所納，己怒則察其所構，論於己變之後，以得毀譽公私之徵。……明主之道，臣不得兩諫，必任其一；語不得擅行，必合其參，故姦無道進矣。」（八經）

以虛靜聽言，以參驗聽言，仍是不足以知成敗，而一切有待於實際的表現，這時言辭的是與非昭昭然而不可蔽。所以有術的國君，聽言的最後一步是：「羣臣陳其言，君以其言授其事，事以責其功。功當其事，事當其言，則賞；功不當其事，事不當其言，則誅。」（主道）「夫言行者，以功用為之的彀者也。」（問辯）國君要求臣下的言行，一切要以有功用，有實效為上。既求其有功用與實效，只有試用於事。所謂「聽其言而求其當，任其身而責其功，則無術不肖者窮矣。夫欲得力士而聽其自言，雖庸人與烏獲不可別也，授之以鼎俎，（顧廣圻曰：俎字當衍。）則罷健效矣。」（六反）

國君聽言既是以言授事、任職，以功罪行賞罰，這時國家可以無辯。韓非說：「言當則有大利，不當則有重罪，是以愚者畏罪而不敢言，智者無以訟，（王先慎曰：訟讀為誦。）此所以無辯之故也。」（問辯）一個國家能在盛行言談的時代，臣下不敢以虛空的言辭來惑亂國君，就可以減少許多不必要的爭論，而又能多收到許多實際的功效。

聽言辭而要責求實效，臣下自然不敢妄言，久而久之，可能因為畏懼一旦言之不當而獲罪，因而不敢言，即在該言時也不言，置身於事外。此時國君不但不能聽到多方面的言論以作參驗，甚而可能要勞動自己的思慮和智慧，發言去命令大臣，而且事後自任功過。這種情形要絕對避免，韓非說：

「主道者，使人臣有必言之責，又有不言之責。言無端末，辯無所驗者，此言之責也。以不言避責持重位者，此不言之責也。人主使人臣言者必知其端以責其實，（王先慎曰：端下當有末字。）不言者必問其取舍以為之責。則人臣莫敢妄言矣，又不敢默然矣。言默則皆有責也。」（南面）

總之，聽言的術，要使臣下言必有當，而且不能不言以卸責。唯有令臣下勞動思慮與智慧，國君才能無為。

第三節　參伍方面

聽其言，用其人，任之以事，要再隨之以參伍。韓非說：

「明王不舉不參之事，不食非常之食。遠聽而近視，以審內外之失。省同異之言，以知朋黨之分。偶參伍之驗，以責陳言之實。」（備內）

聽言、舉事都要經過參伍。「參伍之道：行參以謀多，揆伍以責失。」（八經）用參伍的術，就是要在聽言上能「謀多」，在舉事上來「責失」。

參伍術用在聽言上，是：「言會衆端，必揆之以地，謀之以天，驗之以物，參之以人。四徵者符，乃可以觀矣。」（八經）用天、地、物、人的四徵來參伍，考察臣下所言，是否合乎天地自然的常道和物性的正常道理，又是否得到人事上的贊同和共鳴。唯有合乎天理人情的言辭，才有實行的可能，否則根本不必付之實施，更遑論成敗功過了。

臣下言辭經過參伍，可以一試，此時接着要對臣下的舉事加以參伍，也就是「人主將欲禁姦，則審合刑名。（王先愼曰：刑形二字通用。）刑名者，言與事也。」（二柄）以形名即言與事參伍之後，隨着行使賞罰。韓非說：

「為人臣者陳而言，（顧廣圻曰：而當作其。）君以其言授之事，專以其事責其功。功當其事，事當其言，則賞；功不當其事，事不當其言，則罰。故羣臣其言大而功小者，則罰，非罰小功也，罰功不當名也。羣臣其言小而功大者，亦罰，非不說於大功也，以為不當名也，害甚於有大功，故罰」（二柄）

言大功小，言小功大，都是形名不符，也就是言與事不符，要罰。功不當事，事不當言，更是形名不符，更要罰。此外還要要求大臣前言和後語相符，韓非說：「主道者，使人臣前言不復於後，後言不復於前，事雖有功，必伏其罪，謂之任下。」（南面）唯一得賞的情形是：功當其事，事當其言，名實相符。

參伍的術，可用的還很多，像韓非下面所說的都是：

「參言以知其誠，易視以改其澤，（王先慎曰：改當作攷，澤讀為擇，謂擇守也。）執見以得非常，一用以務近習，重言以懼遠使，擧往以悉其前，即邇以知其內，疏置以知其外，（俞樾曰：疏置當作置疏。）握明以問所闇，詭使以絕黷泄，倒言以嘗所疑，論反以得陰姦，（俞樾曰：論反當作反論。）設諫以綱獨為，（王渭曰：諫讀為間。王先謙曰：為讀為僞。）擧錯以觀姦動，明說以誘避過，卑適以觀直諂，宣聞以通未見，作鬭以散朋黨，深一以警衆心，泄異以易其慮，似類則合其參，陳過則明其固，知辟罪以止威，陰使時循以省衰，漸更以離通比。」（八經）

這些參伍的術都要秘密使用。

總之，用參伍的術，希望在君臣異利不同道的情形下，能「下以名禱，君操其名，臣效其形，形名參同，上下和調也。」（揚權）用參伍之道，幫助國君察姦、禁姦，「執後以應前，按法以治衆，衆端以參觀。士無幸賞，無踰行，殺必當罪不赦，則姦邪無所容其私矣。」（備內）

第四節　無爲方面

國君無爲，是韓非思想中在國君方面最後的理想。他主張行法治國，用術御下，都是爲了國君無爲。

韓非子書中記載了一個子產的故事：

「鄭子產晨出，過東匠之閭。聞婦人之哭，撫其御之手而聽之，有閒，遣吏執而問之，則手絞其夫者也。異日，其御問曰：『夫子何以知之？』子產曰：『其聲懼。凡人於其親愛也，始病而憂，臨死而懼，已死而哀。今哭已死，不哀而懼，是以知其有姦也。』」（難三）

韓非批評他說：

「子產之治，不亦多事乎。姦必待耳目之所及而後知之，則鄭國之得姦者寡矣。不任典成之吏，不察參伍之政，不明度量，恃盡聰明、勞智慮而以知姦，不亦無術乎。且夫物衆而智寡，寡不勝衆，智不足以徧知物，（兪樾曰：此句注文誤入正文。）故因物以治物；下衆而上寡，寡不勝衆者，言君不足以徧知臣也，（兪樾曰：此句注文誤入正文。上句末一「者」字亦不當有。）故因人以知人。是以形體不勞而事治，智慮不用而姦得。」（同上）

任典成之吏就是官行法，察參伍之政就是主用術。因爲物衆智寡，下衆上寡，寡不勝衆，所以必須因物治物，因人知人，這就是國君的無爲術。

想無爲，首先要虛靜。（虛靜之道，前已詳言。）國君「力不敵衆，智不盡物，與其用一人，不如用一國。故智力敵而羣物勝。」（八經）不勉强作自己能力不及的事，才是聰明，才能無爲。國君只要知道用術，捨己之短，藏己之能，而用人之長，就已成功了一半。

國君虛靜，以因人治人因物治物的方式治國時，要因人的長處優點而用人。韓非說：「夫物者有所宜，材者有所施，各處其宜，故上下無爲。使鷄司夜，令狸執鼠，皆用其能，上乃無事。」（揚權）人盡其材，力盡其用，是國君用術時必須作到的：

「明君之道，使智者盡其慮，而君因以斷事，故君不窮於智；賢者敕其材，君因而任之，故君不窮於能。有功則君有其賢，有過則臣任其罪，故君不窮於名。是故不賢而為賢者師，不智而為智者正。臣有其勞，君有其成功，此之謂賢主之經也。」（主道）

能盡人之智的，就是「上君」（八經），上君還要用參伍的術，察姦的術，去考核臣下，論定功罪：「結智者事發而驗，結能者功見而謀。（王先愼曰：謀當作論。）成敗有徵，賞罰隨之。」（八經）做到「事成則君收其功；規敗則臣任其罪」（同上），又能夠「使人相用則君神，君神則下盡，下盡則臣上不因君，而主道畢矣。」（同上）

無爲術的最終目標就是：臣下任事、負責，無所不爲，而國君虛靜，無事。

結語

國君為了滿足自己的大欲，希望臣下奉公守法，為國盡力，為君效命；臣下則希望不用心、不出力，而能享受榮華富貴，獲得威權。君臣的利害關係，既是如此的不同，一個國君又那能應付所有的臣民？所以為了滿足國君的欲望，為了應付臣下，韓非教國君用術。

術可以幫助國君察知臣下種種姦謀，可以幫助國君探知臣下忠貞與否，還可以幫助國君考核臣下言行是否一致；和所作所為，是否合乎國君的要求。術實在是國君用人行政，不可一日或缺的利器。術既有如此大用，又如此重要，國君為了防止臣下竊用、奪取或窺知，在運用時必須要獨操和祕密。

術是國君鞏固自己地位，確保法治實行不可少的利器，為了防止國君用術無標準、無依歸，所以用法來作標準、作依歸。如此一來，國君用術，不但不會使國家衰亡，反而可以促成理想法治政治的實現。

術的重要性容易明白，術的作法在理論上也不深奧，可惜的是，要當時國君實行起來，却未必能十分理想。因為術對國君本身的要求是：藏、收斂和深不可測。拙要藏，巧也要藏。怒氣要收斂，喜色也要收斂。去智巧、去好惡，是為了深不可測。唯有深不可測，姦邪才無緣倖進。這對一般人民尚且不容易作到，何況是大權在握，力能生殺予奪的萬乘之君！

第六篇　韓非思想的綜合觀察

前此諸篇，旨在分別整理韓非重勢、行法、用術三方面的觀念，敍述力求簡明扼要，避免重複。其目的在忠實而客觀的理出韓非思想的頭緒，期能有助於瞭解韓非思想的眞貌。

韓非思想有其與衆不同的出色論點，也有偏激過甚的主張。前者使其成一家之言，垂諸後世；後者則足以使行其說之國，不旋踵而亡。時移世異，旣難以今律古，自不便一一褒其可褒，而貶其可貶，故僅取其犖犖大者數端，略以己見論述之。

第一章　現實的觀點

第一節　提倡「務力」

戰國是個爭戰不休，唯利是圖的時代。在上位的只想何以「利」其國，在下位的則只求何以「利」其身，上下交征利。人人求利却未必人人都能如願以償，遂不免於爭。勝負得失則視「力」的大小强弱而定，無怪韓非認爲那是個爭於氣力的時代了。政治是要顧及現實的，所以站在現實的觀點，韓非肯定一個事實，卽國君爲求生存於當時，只有在政治上「務力」。

如何使國家强而有力，不畏人攻而又有餘力攻人？在韓非認爲最切合實際、最容易施行而又最具時效的辦法，就是法治。他說：

「賞罰使天下必行之，令曰：中程者賞，弗中程者誅。令朝至暮變，暮至朝變，十日而海內畢矣，奚待朞年！……處勢而驕下者，（顧廣圻曰：驕當作矯。）庸主之所易也。……」（難一）

在政治的大原則上，基於現實的觀點，決定採行法治。在法治的許多主張上，也都是配合於現實的觀點。

第二節　重視功利

法治所賴以推行，端視賞罰二柄的運用。賞要厚而信，罰要重而必。賞以勸功，以利誘民；罰以禁姦，以害畏民。利害的被重視，就是基於功利的現實觀點而來。

周初封建，制禮作樂，至戰國而貴族陵夷，禮壞樂崩，上無道揆，下無法守。此時天下唯利害是視，更唯私利是圖。人各爲己，何人爲君？無人爲君，則國何由而治？國無人治，則其亡可待。所以韓非倡言立法，作爲臣民言行的準則，所謂：「令者，言最貴者也；法者，事最適者也。」（問辯）臣民遵行法令則得賞賜富貴，對臣民是利；相對的，臣民守法則君位得以保，國家得以强，對國君也是利。反之，臣民受懲罰，國君被篡弒，國家遭危亡，大家都受害。所以法治是在重功利的現實環境中所倡導的重功利的政治，對國、對君、對民都有利，都可以藉法治滿足個人的私利。

利用人的利害心，功利心而爲政，固然可行，但是人欲無止境，人心不免日趨險惡，君臣的利害因立場不同而必然有異。如何幫助國君，使利益不被臣民所奪，韓非又倡用術以察姦。現實的社會環境，令人重功利而泯愛心，慈母尙且不能以愛心教子女，國君又焉能以惠愛化臣民？這又造成臣民只屈服於威勢之下的現實情形。所以國君治國又應當以勢威民，勢之能威民，必賴法治政治的法與術。

第三節 使用嚴刑

人心既是不滿足於功利，正當方法求功利而不得，則必另謀他途。作姦犯科者遂屢見不鮮。在韓非以爲，非重罰無以治此求功利之急世，故賞罰之中罰尤爲重要。又何以必用嚴刑重罰？其理由仍是顧及現實。

一則因爲：「聖人議多少論薄厚爲之政。故罰薄不爲慈，誅嚴不爲戾，稱俗而行也。」（五蠹）再則因爲：民智不可用。民智如嬰兒，不知犯小苦而致長利，所以爲政者，不應因爲人民厭惡小苦而放棄長利的追求。小苦就是嚴刑，長利就是國治。韓非說：「嚴刑重罰者，民之所惡也，而國之所以治也。哀憐百姓，輕刑罰者，民之所喜，而國之所以危也。聖人為法國者，必逆於世而順於道德。」（姦劫弒臣）

聖人論世之事而為政，所以法治要用嚴刑。嚴刑固然為民所惡，是小苦，但是在權衡輕重之下，要「出其大利，故用法之相忍，而棄仁人之相憐也。（顧廣圻曰：「人字當衍。」）」（六反）此一權衡輕重，衡量現況而後決定用嚴刑的作法，仍是以現實為其着眼點。

第四節 要求齊一

春秋以降，王官失守於先，孔子設教講學於後，學術大昌，知識日漸普及。布衣既可以為卿相，學士更可以得尊寵，於是百家爭鳴，人各異說，莫衷一是。斯時顯學厥為儒墨，當時盛行者則是縱橫。儒墨仁義惠愛的寬緩政治，既不足以濟急救患，而縱橫捭闔的外交策略，也無補於救亡圖存。韓非目睹此一現實環境，遂倡為法治之學，以威勢之力，濟惠愛之窮，以富强之政，救燃眉之禍。

法治不只以齊一臣民言行於國法之下為滿足，更要以齊一臣民思想於國法之內為目標。因為民智如嬰兒，不知辨別是非然否與眞正的利害所在，易為爭鳴的各家學說所迷惑。再則，民智如此，為求其守法，必先令其知法，知之之道，只有教之。所以韓非在「無先王之語」、「無書簡之文」（均見五蠹）之外，更重視以法敎民。唯其如此，才能齊一臣民思想言行於國法之內，少空談多務實。這又是爲應付現實環境而持的觀點。

第五節　現實與不現實

戰國時代，政治混亂，社會動蕩，導致民心趨向於現實功利，這原是一變態現象。韓非生在變態的環境之中，爲應變、爲救世，遂以現實的觀點，提出法治政治的主張。因爲法治切合實際，不尙空談，的確能適應變局，使行法治的國家旣富且强。抓住現實，就是抓住時間性；掌握時間性就能掌握變局而救急，這是長處。但是現實會變，時間性會過，今天的辦法未必適用於明天，今年的辦法未必合用於明年。目前最現實最實際的政治，可能將來反而是最不現實最不實際的政治。

天下動蕩已久，人心必厭亂而思治，在求變的心理下，安居樂業遂又成爲一致的願望。人心旣轉而求穩定，必不再輕言爭戰，或動輒盲然附從。而且悍民梟雄之流，也將因長久戰爭而先後戰死。在下附從者旣日少，在上領導者更乏人，天下必將復歸於安定，常態於焉再至。現實環境旣已大變，則以往適應現實的政治主張，勢必又不合新的現實。法家雖然也主張因時變法，以求適應，但是終究不能擺脫民性私惡、以法敎民、重刑齊民、用術御民等基本觀點。否則，卽不成其爲法家了。這是法治現實觀點的大弊。一旦天下復趨於變，則法家學說又可能以新面目抬頭，倘吾人借「社會病理學家」

一詞稱韓非，似不爲過。

韓非常抓住社會的變態、病態，下猛藥。例如：因爲民智不可用又不足用，就主張息先王之語，去書簡之文以愚之於先，再以法爲教，齊一天下人言行意志於後。其最後結果，很可能是國君獨裁於上，人民思想言行僵化於下，成爲統治者驅策的無知的工具。一旦天下大亂，欲再振起，必極乏力。再如：因爲人心險惡利己，就大加利用，雖然能同時滿足國君與臣民眼前的利，但是追求現實功利的情欲，亦必然隨之繼長增高，終至上下交征利，上下皆不得其利。

韓非下猛藥治急病，其結果非死則癒，卽癒亦必元氣大傷，難以長壽。好醫師固然應當在人們生病時對症下藥，但是更應當同時幫助病人增加自身的抵抗力，以加速痊癒。而指導人們平日養生之道，使人不病、少病，卽病亦不嚴重，則尤其重要。以道德爲敎，可以改變民性；以知識爲敎，可以啓發民智；以法律爲敎，可以指導民行；相輔而行，則人類尊嚴得以保存，向上善心得以激發。前二者足以令人不屑爲非，而後者則可使人不敢爲非。治國能如此，則不但可懲其已然之過於後，更可弭過於未然之先。惜韓非只知其一，不知其二，只用其一，不用其二，以與儒家相較，又遜一籌。

第二章　內政的强調

第一節　內政爲本

韓非的政治思想，是以求國家富强爲重要目標，因爲在爭戰不息的戰國時代，這是國家救亡圖存的必要條件。要國家富强，韓非認爲只有實行法治，才是唯一可收速效的途徑。法治所着重的是內政而非外交，內政是根本。韓非說：「治强不可責於外，內政之有也。」（五蠹）唯有自立自强，先立於不敗之地，而後乃能求其有餘力以攻人。反之，憑藉外人的力量以謀自己的生存，爲韓非所不取。他極力攻擊縱橫家，其原因即在此。

第二節　國家至上

行法治求富强，是以國家利益爲上，國君利益爲上。不可避免的缺陷是國君權力日漸專斷，相對的庶民權利必日漸削弱。但是在君主政體的大前提下，國家的最高領導人是君，國家更不可一日無君領導，此時，只有希望國君賢德聖明，求其依法理政，否則只有做效湯武革命，更置國君一途。韓非身爲國家的諸公子，不可能倡導湯武革命，只有尊君一途，況且增加國君權力，即所以鞏固領導中心，加强統治力量，大有助於行法治求富强。

國家利益在當時是被漠視的，在現實功利的環境中，人人爲己爲私，而不爲國爲公。人不爲國爲公，國家何由富强？國不富强，又何以應付强秦的虎視眈眈，待機而噬？國家淪亡，個人又有何私利可言？韓非有見於此，遂極力主張犧牲小我的私利，以求獲致大我的公利。在君主政體之下，首先得大利的自然是國君，但是韓非並未要求庶民毫無代價的效命，其賞厚而信的作法，即在滿足許可範圍內的小我的私利。此一觀點在當時既有其背景，其作法遂有其意義。

第三節　鼓勵農戰

法治既是重在內求富强，則其對民，採取的態度是反對儒、俠、商、工之流，而鼓勵從事農戰之輩。儒者在當時是「脩行義而習文學」（五蠹），極受國君寵幸，可以輕易獲得富貴。他們可以「不事力而衣食」（同上），足以使庶民拋棄農事的本業而改行習文學。而儒者的以文亂法，尤所不許。俠士之流，則「立節參民，執操不侵。怨言過於耳，必隨之以劍。」（顯學）這些人也受到當時國君的寵幸，獲得禮遇，他們以武犯禁之外，還可以「不戰功而尊」（五蠹），足以使庶民棄戰陣而事遊俠。商工之民則用力少而獲利多，更可利用國君近習之人買官爵得富貴。

相反的，農耕用力勞而利薄，戰陣危險而害多。但是，耕織是民生的基礎，用以厚植國力，足衣足食，安定民生，穩定經濟。戰陣是國防所必需，用以鞏固自身，訓練人民，勇於殺敵，是對外圖存的條件。農以求富，戰以求強，全國上下都致力於此二者，平時埋首耕織，努力生產，不事空談以妄論國事，更不從事私鬥以製造紊亂；戰時則個個爭先，奮勇殺敵。

農戰是富強根本，重視它以求增進自立的能力，原本無可厚非。但若只許人民耕織與作戰，人生未免單調枯燥。努力農戰固可得賞以滿足物質生活，但是精神生活是否能同時滿足則大可懷疑，文學的不可少已不待言。社會需要分工，更需要合作，貶抑工商也不是上策。這都是爲矯枉而有的想法作法，不幸又過正了，還是不妥善。

第四節　實行法治

法治要求國君在用人上，要以法舉人，而不以愛憎。如此始可杜絕倖進，消滅黨與。在分工上，要使臣下不兼官、不兼職。專心於一職，戮力於一事，則事半而功倍，既能勝任愉快，更可避免越職侵權與爭功委過。在考核上，要循名責實，一切以事實爲準，以法令爲據。若憑目之所好，耳之所悅，心之所善，以及世俗的毀譽來判定功過，給予賞罰，則人人心懷怨望，難以服衆。

以法用人，以法賞罰，則州部之小吏可上而爲宰相，卒伍之軍士可以積功爲猛將，賞罰公正而嚴明，則人人效忠，個個賣力。以法治國，遂行賞罰，其中韓非尤其重視治吏先於治民的問題。因爲「吏者，民之本綱者也。」（外儲說右下）人民的言行，往往視直接管理他們的官吏的所作所爲而定；人民的禍福，更是操在親民的官吏手上；法令執行的正確與偏差，還是取決於吏的做法。率之以正，孰敢不正，官吏清明，治民以法，人民又焉敢不法。官吏、人民都奉公守法，則個人得賞賜，國家得富强，此時又豈僅國君之福，豈只一人之利？

這些行法治以强化內政，內求富强，外圖進取的作法，皆頗值得吾人取則。此等態度，此種觀念，更不僅適用於一時一地與一事。

第五節　自立自强

韓非强調內政至上，國利爲先，行法治使境內的臣民，「其言談者必軌於法，動作者歸之於功，爲勇者盡之於軍。是故無事則國富，有事則兵强，此之謂王資。」（五蠹）有了王資就安，安則無人敢攻，人不敢攻則不亡。韓非說：「天下得其地則其利少，攻其國則其傷大，萬乘之國，莫敢自頓於堅城之下，而使强敵裁其弊也。」（同上）同時，有了王資就强，强就有力量攻人，攻人就能爲霸王。韓非說：「既畜王資，而承敵國之舋，超五帝，侔三王者，必此法也。」（同上）在交戰爭逐的環境下，韓非强內政行法治無非先求不亡於兵災，進而以武力征服他人，所着重的是國家的利，嚴格說是國君的利，而不是人民的利。他只看到整體，而忽視構成整體的每一個體的健全生存與發展，則又未免捨本逐末。

國家的興衰存亡，操之在己，亦必先求其操之在己。唯有自立自强乃能生存，必須先自助而後才能得人助。若捨棄本身的責任不負，而奢求外人的幫助，古今中外未有如此而能成功者，亦斷無如此而能成功之理。所以强化內政，以求自立自强的觀念，是極可取的。在讀書人縱橫捭闔、空談求利的潮流中，在做官者朝秦暮楚、不顧國利的風氣下，韓非獨能力斥時俗，倡爲自立自强的學說，不事縱橫，不藉外力，紮穩根基，以求進取。這可以說是不惑於流俗，而又能篤於自信的人。其所採用的法治方法，是否如預期的有帝王之政的成效，姑置不論，只其所倡導的獨立自主的立國精神，對當時今日以利合，明日又以利分的各諸侯國來說，眞是一記當頭棒喝。言者諄諄，聽者藐藐，六國先後淪亡，早在意料中。讀韓非書，實不可輕忽此一立國精神的倡導。

第三章　權術的運用

第一節　盡備無傷

君臣之間因爲立場、地位的不同，必然出現不同的想法和做法。韓非以爲：「害身而利國，臣弗爲也；害國而利臣，君不爲也。臣之情，害身無利；君之情，害國無親。君臣也者，以計合者也。」（飾邪）君臣之間的異心到此程度，爲君者必定要明公私利害之分，行法用術，以防止臣下爲私而害公。卽使國君的妻子兒女，也都可能與君同床異夢，利害不同。天下旣無可信的人，而人人又都視國君爲能滿足自己大欲的人，於是國君成了目標，甚至可以說是衆矢之的。國君如何分辨他人言行的是否於己有利，韓非認爲要用術，而且要極周密的用術，他做了一個比喻：

「夫矢來有鄉（按：鄉卽嚮之意。下同。）則積鐵以備一鄉。矢來無鄉，則為鐵室以盡備之。備之則體不傷。故彼以盡備之不傷，此以盡敵之無姦也。」（內儲說上）

在天下逐於利，人各爲己的時候，對國君來說，確實是矢來無嚮，防不勝防。人可以藏身鐵室之中，以防被傷，但是人是否能永遠住在鐵室中而不出去？出去時又豈能身背鐵室而行？卽使身上全付盔甲，也要留呼吸吃喝的空隙，既有空隙，就可能被傷，而且行動不能自如。用術固然可以察出許多姦謀，加以防犯，但是絕不可能毫無漏洞隙縫，有了漏洞隙縫就可能被臣下乘虛而入，這說明術並不能盡備無傷或盡敵無姦。術不但不萬能，而且處處防人，時時疑人，又能有多少餘力去做該做的事？這又造成用人行政上的無法運用自如，暢所欲爲的缺失。

第二節　絕情去恩

人都有感情，姦邪的人往往利用人的弱點，順從國君心意，建立感情，以取得信幸。等到取得信幸以後，就蒙蔽國君，而國君在感情沖昏了理智的情形下，必然被欺騙。國君被姦臣蒙蔽欺騙，則必喪失權益好處，而相對的臣必得私利。所以韓非教國君行法用術，就是要絕情少恩，以杜絕姦邪。韓非說：

「治強生於法，弱亂生於阿，君明於此，則正賞罰而非仁下也。爵祿生於功，誅罰生於罪，臣明於此，則盡死力而非忠君也。君通於不仁，臣通於不忠，則可以王矣。」（外儲說右下）

君臣都不用感情，大家都理智的公而忘私，一切行爲都以法爲斷，各行其所當行，以得其所當得。嚴而少恩，不仁不忠，是極受攻擊的一點，殊不料韓非却以此爲法家精神所在，法治目的所在。

現實的環境，冷酷的事實，使法家絕情少恩，非仁去義。須知君臣之間既是互相利用，以滿足彼此的利益，則顯而易見的，利益在則君臣關係在，利益失則君臣關係亦失。韓非在現實的環境中，更推波助瀾的教天下人以利相交，以計相合，當君術有時而窮，威勢有時而失的時侯，天下之姦不但不會隨之而絕，反而更要無時或已，法治的理想又將如何得以實現？

孟子說：「君之視臣如手足，則臣視君如腹心；君之視臣如犬馬，則臣視君如國人；君之視臣如土芥，則臣視君如寇讎。」（離婁）這是教育君臣，以情相感，以義相交。雖然在動亂的時代，這種作法，不免爲姦邪者所利用，夤緣弄權。但在現實的環境中，終究應當教育天下人向上向善，社會國家才有治平的一日。假若因爲天下已經交征於利，更進而率天下以利，則恐怕有朝一日，再厚的賞也不足以勸天下人守法忠君爲國，而嚴刑更不足以禁天下之姦了。

第三節　去好去惡

世上的國君，中才多而賢能少，暴虐者則更不多見。中才國君的聰明才幹，也必定不是天下最賢最能的。以不賢不能的本領治國家大事，必會有失敗的情形。國君作事失敗，自己吃眼前虧不說，又將何以服衆？所以國君必須無爲。再則「上用目，則下飾觀；上用耳，則下飾聲；上用慮，則下繁辭。」（有度）國君用耳目思慮，極可能爲臣下所利用。再不然，臣下不敢爭功，而一切委之於國君，國君日理萬機，勞頓於案牘，則未免本末倒置。這也說明了無爲的重要與必要。

韓非在國君無爲的作法上主張：對臣下，以法用人行政，不自舉人，不自操事，不自量功，只獨操賞罰之權，檢討臣下的功過，依法給予賞罰。對自己，以虛靜之道自持，不表見喜怒好惡的情欲，不賣弄智巧的能力，保持祕密，使臣下無從窺探，無從利用。二者相輔而行，國君可以無爲，國家可以大治。

茲先論國君對自己的要求能否作到。

人有喜怒好惡的情欲，是正常現象，而且人人都有。求其情欲發而皆中節，無過與不及的弊病，是生理、心理的正常發展方式。假若故意去壓制情欲，不許它表現在外，則是對生理、心理都有不良影響的反常之道。至於由壓制在內心，進而求其根本去除情欲，則更是反常與不可能。克己復禮，發而中節，固屬不易；但若有情欲而不許其表現；甚且教人將之去除，似更不易。情欲不深的凡民尚且不能，何況中才之君？國君大多有唯我獨尊的想法，我既至高無上，則我表現喜怒好惡，又有何人能管，更有何人敢管。試看古今能忍情欲不表現在外的國君又有幾人。此一無爲的術既然不是一般中才國君所能作到，則無爲的理想又何由實現。

第四節　去智去巧

次論國君對臣下的要求能否作到。

韓非主張國君以法用人，因爲法有强制人不得不爲我用的特性，還有升遷黜降的規定，所以韓非認爲索賢不成爲國君的困難，就是在以法用人這一方面應該可以做到。但在行政上，考核上就不那麼單純容易了。韓非說：

「使人又非所佚也。人主雖使人，必以度量準之，以刑名參之，以事遇於法則行（顧廣圻曰：以字當衍。），不遇於法則止，功當其言則賞，不當則誅。以刑名收臣，以度量準下，此不可釋也，君人者焉佚哉。」（難二）

既不佚，就不是無爲。

國君用術固然可以不自己計慮，不自己操事，但却不能不用自己的智巧去以形名的術聽言，以形名的術核事，更不能不以度量之法考核功過，以度量之法執行賞罰。如此一來，國君不能去智去巧，不能安逸無爲。若是參觀衆端，言會衆端而不能決；以法量功，以法賞罰又不能當；則術豈不成爲空談！事實上，衆端衆言會合在國君之前，國君如何定其言事的是與非？既不能定其孰是孰非，又怎能「布之官而用其身」（顯學）或「去其身而息其端」（同上）？此一最後決定權的行使，又豈是中才國君所能輕易做到？國君行使決定權，就是在表現智巧，事情萬一不幸失敗了，國君是不是能完全擺脫責任又是問題。

第五節　君術難行

法家的術，目的原在幫助多數的中才國君，鞏固既有地位與權力，輔助法治的推行，並加强之，使國家富强，國君無爲，用意至深。可惜術的精神不夠光明正大，術的做法不夠完整無缺，而術對國君的要求又悖乎常理，使國君不容易作到，作不到則失去意義。唯有賢能的國君才能懂得用術，才能把術用得好，這是一個極大的問題。韓非說：「今之新辯，濫乎宰予，而世主之聽，眩乎仲尼。」（顯學）這說明了韓非學說不能實行於韓國的眞正原因，就是當時的韓君沒有足夠的賢能條件，來辨別認識韓非學說的可以救亡圖存。

能確實認清韓非學說可以霸王的秦始皇，在瞭解贊美了法術思想之後，却又殺了韓非。其原因，嚴格的說，並不全在李斯的誣陷。古人說商鞅作法自斃，淺見則以爲韓非是作術自斃。韓非論國君用術的成敗，端在隱密不宣與獨操上面，而獨操尤須隱密，即使妻子兒女亦不能得知。所以一個眞正有心而又確實用術的國君，又怎能容下一個比他更瞭解君術實情的人在朝爲官？韓非重術，但是不幸在學理本身上招致了殺身之禍，頗堪深思。

第四章　法治的困難

實行法治就是要在政治上樹立「公」的精神，立公卽在去私，這就是法治的根本精神與時代意義。法治所依賴的是「法」，因此，法的良窳又關係法治的成敗。所以立法時要兼顧自然天道與人情，以求其合理可行。爲了要臣民由知法、守法而行法，立法時又要注意易知、易行的原則。法的訂定，要求統一、固定、成文，以便公布於天下，令臣民皆知。猶不足，更以法爲教，務期人人皆知，務求人人皆守。時移世變，政治必須與世相宜，此時法必因時而轉，以求適應。凡此等法治觀點，都是爲多數中才國君設計出的治平之策，其可貴與可取處，在今日固已不待費辭。

所可議者，端在法治是否果如韓非所預期的那麼「萬能」而已。假若倡法治而棄人治，或言人治而廢法治，都是一偏之見。法治、人治，合則雙美，離則兩傷。立法的是人，行法的也是人，法所治的對象還是人，這就是法治在拋棄人治後，無從萬能的根本原因所在。

第一節　國君能否立法

「法者，憲令著於官府，刑罰必於民心，……」（定法）法的實質就是被名爲憲令的制度、政令和被稱爲刑罰的法律，這是一個國家和一個政府行事的依據，是根本大事。在君主時代，有權制定和頒布憲令，以及最有權執行法律的人，是國君。

韓非說：「世之治者，不絕於中，……中者，上不及堯舜，而下亦不爲桀紂。」（難勢）在位的國君中中才者居多，中才之君既不如堯舜般的賢明，也不如桀紂般的昏亂。但是「勢者，養虎狼之心，而成暴亂之事者也。」（同上）在此情形下，中才國君上及堯舜的可能似乎比下爲桀紂的可能爲小。則此類中等或中等以下的國君，是否能夠眞如韓非所預期的制定頒布憲令於先，再公正客觀的執行法律於後，實在大有問題。無怪梁啓超批評說：

「造法的權在什麼人，變法、廢法的權自然也在那人。君主承認的便算法律，他感覺不便時，不承認他，當然失去了法律的資格。他們主張法律萬能，結果成了君主萬能。這是他們最失敗的一點。」（先秦政治思想史附錄先秦政治思想講演稿第七段）

又說：

「無監督機關，君主可以自由廢法而不肯廢法，則其人必堯舜也。夫待堯舜而法乃存，則仍是人治非法治也。」（先秦政治思想史第十二章）

中才國君不能制定出理想的法，又不見得能夠妥切的執行法律，此一事實，韓非已經見到。在國君不能輕言更迭，而又希望法治理想的情形下，韓非只有求助於法術之士，也就是韓非所謂的「忠臣」。這些人國君要重用，讓他們位在羣臣之上，作爲表率，作爲輔佐。這些法術之士可堪重用的原因是：

「賢者之為人臣，北面委質，無有二心。朝廷不敢辭賤，軍旅不敢辭難，順上之為，從主之法，虛心以待令，而無是非也。」（有度）

這種人絕對服從國君，同時他們「得效度數之言（俞樾曰：得字衍文。）上明主法，下困姦臣，以尊主安國者也。」（姦劫弑臣）法術之士會陳述法術的言論，供國君參酌採用以便制法、變法；他們還幫助國君行法，上明主法，下困姦臣，以尊主安國。伊尹、商鞅、吳起都是這種法術之士。

可惜的是：這些法術之士是不易獲得的少數賢臣，正和堯舜之流是不可多得的少數聖君一樣。他們既是少數，他們的出現就是偶然，其困擾正和法家批評賢人政治是偶然現象一樣。法術之士在韓非心目中的條件與資格雖然和儒家所認爲的賢智之士的條件與資格不同，但在實質上、作用上，法術之士和非法術之士一比，法術之士和儒家所謂的「賢智」又有何不同？所以期望於少數法術之士，幫助中才國君理想而又成功的去立法、行法，仍是未能脫離人治的範圍，法治政治不能擺脫人的因素，已極顯然。

第二節　國君能否守法

守法的人，上自國君，下至官吏庶民。國君守法的情形，更直接影響官吏庶民的守法。國家眞正的法治，就是國君自己先絕對的守法。

法治是能使不法的人守法的一種政治方式，既能透過賞罰使人人守法，那對少數自善之民，不欺之士，就不必太重視，他們的貞信之行也就不必太讚美。臣民有私心有利己的欲望，國君可以用術駕馭他們，讓他們在法的範圍內滿足自己。中才國君如果處至尊之勢，却養成了虎狼之心，理智不能勝過情欲，則術必有所窮，國君不能用術行法，又怎能令臣民守法行法。況且國君治國最重要最基本的一個術，就是實行法治，中才國君如果無知於法治的必要，或無懼於殺身亡國的災禍，就更不可能奢求他們行法守法了。既不足以爲民表率，又何能要求於他人？

國君守法於上，臣民守法於下，若不能在遂行賞罰時，絕對的依法做到公、信、必、當等原則，法治又將失敗。即使不失敗，其效果也可能不十分理想。這是守法能否徹底的問題。（參閱第四篇第四章如何確行法治各節）

若以人治的觀點說，國君進德修業於上，德能兼備的仁義之臣在下，君臣同心同德，以先知先覺的服務精神，以拯救斯民的愛人熱忱，爲國爲民，其結果則必如荀子所謂：「有良法而亂者有之矣，有君子而亂者，自古及今，未嘗聞也。」（王制）國君既以德能領導，言行舉措都是典範，都可以成爲法則，根本無所謂守法不守法的問題存在。

第三節　國君能否行法

法治政治所面臨的另一問題是國君行法的決心和毅力。

法家學者都肯定法治是治國唯一可行之道，但是法治對國君的許多限制、對臣民的許多約束，必不被臣民歡迎，也不見得爲國君所肯與所能接受，即使接受了能否堅持下去又是一個問題。國君有沒有行法治的決心，有沒有堅持下去的毅力，是法治政治成敗的另一關鍵。臣民爲了維護自身的利益，必然想盡辦法謀陷那些有心輔助國君變法圖强的法術之士，並引誘國君不行法、不守法，以阻撓法治的推行。

韓非說：「父之愛子也，猶可以毀而害也。君臣之相與也，非有父子之親也，而羣臣之毀言，非特一妾之口也，何怪夫賢聖之戮死哉！此商君之所以車裂於秦，而吳起之所以枝解於楚者也。」（姦劫弑臣）商鞅的變法，是在「民疾怨而衆過日聞（王先愼曰：衆當作罪。），孝公不聽，遂行商君之法」（同上）的情形下才成功的。這說明法治的成功，要國君先有行法的決心，還有堅持法治不被迷惑的毅力。商鞅的成功，商鞅的被殺，都是值得深思的問題。

法術之士的遭遇說明了一個事實：賢臣在下，要有賢君在上用之以不疑，行之以果斷，更以無比的毅力堅持到底，法術之士才有可能大展鴻圖，國家才有可能富强壯大，否則法治終是曇花一現。韓非說：

「凡五霸所以能成功名於天下者，必君臣俱有力焉。」（難二）

又說：

「伊尹得之湯以王，管仲得之齊以霸，商君得之秦以強。此三人者，皆明於霸王之術，察於治強之數，而不以牽於世俗之言，適當世明主之意，則有直任布衣之士，立為卿相之處，處位治國，則有尊主廣地之實。」（姦劫弒臣）

雖然韓非心目中的明主與賢臣在條件上不同於孔孟所言，但是「君臣俱有力」、「適當世明主之意」所指的君和臣，在與中才國君和一般臣民比較之下，很顯然是國君要明、大臣要賢的。這仍是人治的範圍。

第四節　重刑能否去刑

法治的運用就是賞罰，有功者賞之以所欲，有罪者罰之以所惡。賞罰之中，尤重刑罰，因為賞賜有時而窮，刑罰則永無止境。韓非說：「重刑少賞，上愛民，民死賞；多賞輕刑，上不愛民，民不死賞。」（飭令）刑罰被重視之外，刑罰還要重，而重刑的出發點是愛民。韓非說：

「聖人之治民，度於本，不從其欲，期於利民而已。故其與之刑，非所以惡民，愛之本也。……刑

者，愛之自也。」（心度）

因爲重刑的對象是犯罪者，干犯法紀傷害他人的人，給他重刑是理所當然。若罪過大而刑罰輕，韓非反而認爲是故意陷害人民，他說：

「今輕刑罰，民必易之。犯而不誅，是驅國而棄之也。犯而誅之，是為民設陷也。……是以輕罪之為民道也（王先愼曰：民字當衍。）非亂國也，則設民陷也，此則可謂傷民矣。」（六反）

重刑的效果是殺一儆百。「重罰者，盜賊也，而悼懼者，良民也。」（同上）重刑還可以收到以刑去刑的目的。韓非說：「重罪者，人之所難犯也，而小過者，人之所易去也。使人去其所易，無離其所難，此治之道。夫小過不生，大罪不至，是人無罪而亂不生也。」（內儲說上）用重刑去遏阻人們容易犯的小過失，可以糾正人們不在乎的心理，而立刻改正小缺點，收到減少犯罪的初步效果。一般人犯重大過失的可能性不大，次數也不會太多，當人們心理上連小過失都不敢輕易去犯的時候，更不敢輕舉妄動的去犯大過了，這就是重刑的最終目的。

以愛民爲出發點，以嚴刑爲手段，以刑期無刑爲目的的法治政治，是否能達到預期的輕罪重罪一齊去除的理想，端視立法、行法時是否已經確守各項原則性的要求而定。否則徒以重刑驅民於農戰，民智日下，民力日竭，有朝一日民無所逃於刑罰之外時，則不畏死。民不畏死，以死懼之必然無用。而當國家大亂的時候，無法無天，既不能殺盡天下人，那麼雖有重刑也是罔然。

第五節　法治與人治

韓非說：「仁暴者，皆亡國也。」（八說）如何使國君行法治用重刑而不淪於暴，只在所立的「法」是否健全一點上。而法的健全性，則又視立法的人本身是否健全而定。生而在上位的中才國君，若無適當的教育，啓發其知識，陶冶其品行，培養成一個有學識能力而又有正常人格的人，那麼在權力欲望物質生活的驅迫下，又怎能求其健全。

國君既上無愛民求治之心，次又無知於法治之可以富強，下更無懼於殺身亡國之禍，則又何能擇法術之士而用之。此等國君既不能自覺有行法治的必要，又不能用法術之士以行法治，則法治思想再完美仍不免流於理論與空談。

由以上所論，已可充分說明，在君主政體之下，法治並不可能完全擺脫人治。而人治也必賴教育以治本，上以教君，下以教民；又必賴立法以治標，上下守法，大公無私；相輔相成，然後政治乃能成功。

文學部分

第七篇　韓非的文學成就

文學的涵義，在孔子的思想中，是偏重於廣義的，即是指一切學術的總稱。

「子曰：弟子入則孝，出則弟，謹而信，汎愛衆，而親仁。行有餘力，則以學文。」（論語學而）

「子曰：君子博學於文，約之以禮，亦可以弗畔矣夫。」（論語雍也）

「子以四敎：文、行、忠、信。」（論語述而）

「文學：子游、子夏。」（論語先進）

「夫子之文章，可得而聞也。夫子之言性與天道，不可得而聞也。」（論語公冶長）

「文」的意義：馬融說：「文者，謂古之遺文。」邢昺疏：「古之遺文者，則詩、書、禮、樂、易、春秋六經是也。」（十三經注疏）「文學」的意義：邢昺說：「文章博學。」（同上）「文章」的意義：劉寶楠論語正義說：「據世家諸文，則夫子文章，謂詩、書、禮、樂也。」由以上的各家解說，可見在論語中的「文」、「文學」、「文章」三個辭語，其涵義並沒有多大的出入，都是泛指一般的學術典籍。

至於詩，孔子則有「詩三百，一言以蔽之，曰：思無邪。」（論語爲政）和「詩可以興，可以觀，可以羣，可以怨。」（論語陽貨）的話。思無邪和興、觀、羣、怨的觀點，則近於後代狹義的文學觀，不包括一切典籍，而偏重在專門表現或記錄思想和情感的文字。

南北朝時，梁昭明太子蕭統編輯的文選，選文的標準，就表現出狹義的文學觀。偏向於「綜緝辭釆」、「錯比文華」、「事出於沉思，義歸乎翰藻」（均見文選序）一方面的作品，而將「以立意爲宗，不以能文爲本」（同上）的經書、子書排斥在外。

在包括一切學術典籍的廣義文學範圍中，子書可以算是文學作品。後代劃分雖然更嚴格，但是在狹義的文學範圍裏，仍有「文章」一類，所以寫作技巧高明的偏重思想性的文章，還是可以視爲文學作品。因爲形式、內容、目的三者構成文學的三大要素，只要具備這三項要素，就可以算是文學。形式指寫作技巧而言，包括語言文字的運用、結構的安排、格律的講求等等，是表現內容的方法和手段。內容則包括作者的思想、情感、想像等方面。至於目的，最主要是希望影響人、感動人，得到共鳴。凡合乎上述各項條件的以文字表現的作品，都是文學。

韓非是個思想家、政治家，他著書立說，目的固然是希望影響人，但並不止於影響而已，他更希望透過文字的影響，進而能付諸實行。韓非的文章，的確是「以立意爲宗」（文選序）的作品，由於他的學力高，內容雖然偏向枯燥的思想，但是文學寫作技巧高明，極富趣味，又隱含强烈的情感，所以他雖然不想作文學家，我們仍不能不把他的文章視爲文學作品。

第一章　韓非對文學的態度

先秦大思想家像荀子、墨子和韓非對文學的解釋，也是極廣泛的，是屬於廣義的文學觀論者。

荀子說：「人之於文學也，猶玉之於琢磨也。詩云：『如切如磋，如琢如磨。』謂學問也。和之璧，井里之厥也，玉人琢之，為天下寶。子貢季路，故鄙人也，被文學，服禮義，為天下列士。」（大略）

墨子說：「子墨子曰：今天下之君子為文學而出言談也，非將勤勞其喉舌而利其脣吻也，中實將欲為其國家邑里萬民刑政也。」（非命下）

韓非說：「學道立方，離法之民也，而世尊之曰：文學之士。」（六反）

他們都視文學爲一切典籍與學問，而非只發洩感情一類的作品。否則又何足以「爲天下列士」？

更無法「學道立方」或「爲其國家邑里萬民刑政」了。

韓非對文學的觀點，充分顯示出那是當時學者共同的看法，他個人並無創見。很不幸，由於那種普遍的對文學的觀點，使文學在韓非思想中並無地位。

韓非說：「息文學而明法度，塞私便而一功勞，此公利也。錯法以道民也，而又貴文學，則民之所師法也疑。（王先謙曰：所字衍。）……大貴文學以疑法，……索國之富強，不可得也。」（八說）

又說：「工文學者非所用，用之則亂法。」（五蠹）

韓非的反對文學，是因爲習文學的人「藏書策，習談論，聚徒役，服文學，而議說世主」（顯學），而且「無耕之勞，而有富之實；無戰之危，而有貴之尊」（五蠹）的緣故。這些人談論時只會議法，服官時只會亂法，站在求國家富强的實用觀點，這些人成事不足敗事有餘，是國家的蠹蟲，應該去除。

習文學的人妨礙法治，是因爲當時大家公認屬於文學系統的典籍和學術，不合於他的法治思想，所以要除去習文學者，必先除去所謂文學的典籍。此一想法，並非韓非首倡，早期的法家商鞅，就已經主張：

「國有禮、有樂、有詩、有書、有善、有修、有孝、有弟、有廉、有辯，國有十者，上無使戰，必削至亡。」（商君書去彊）

「農戰之民千人，而有詩書辯慧者一人焉，千人者，皆怠於農戰矣。……國待農戰而安，主待農戰而尊。」（商君書農戰）

要強國唯賴農戰，不必有讀典籍，求學術的工文學之士。要去文學之士，必須先去當時所謂文學的那些典籍，尤其是詩、書一類的儒家主要典籍。韓非的作法是：「無書簡之文，以法爲敎；無先王之語，以吏爲師。」（五蠹）李斯變本加厲的幹出焚書坑儒的事，就以此爲厲階。

總之，韓非反對當時所謂的「文學」，是因爲有的「文學」中表現的和存在的思想有害於法治。但韓非自己却是個寫作大家，他沒有明白而公開的反對用文字表達思想或感情這件事，因爲這是人類不可少的，若連這個實用的價值都加以否定，他自己也不必著書立說了。不過在以法爲教的結果下，人類所能表現出的文學，不論思想或感情，恐怕都不會十分理想。

由於韓非是以思想名家，所以他對文章的寫作，也是傾向於重質輕文的。這可藉解老篇的一段話作概略說明：

「禮為情貌者也，文為質飾者也。夫君子取情而去貌，好質而惡飾。夫恃貌而論情者，其情惡也；須飾而論質者，其質衰也。何以論之？和氏之璧，不飾以五采；隋侯之珠，不飾以銀黃。其質至美，物不足以飾之。夫物之待飾而後行者，其質不美也。」（解老）

這一段話，雖不專爲文學而發，不過，由他的作品中，我們不難發現，他是重視內容甚於外在辭藻技巧的。

韓非的思想和文學之間的關係，是頗堪注意的問題。他一則反對文學，一則却又利用文字表達思想，將之視爲一種工具加以運用。因爲一個精深而完密的思想，如果要藉文字表現出來，就必須有賴於高明的文學技巧。徒重質而不重文采，枯燥無味，文字感動人的力量就低，思想再好，也不易爲大衆接受。政治理論、哲學思想，所談論的是「大多數人」的切身問題，若是發表出來不能被「大多數人」所欣賞,所接受,自然大大的降低了他的效果。孟子、墨子、莊子、韓非子都是思想精粹、文采粲然的思想名著，這些著作的不朽，是由內容的不朽和文章的不朽配合成的。這就是本書在探討思想之外，再談文學的主要原因。

第二章　韓非文章在文學史上的地位

第一節　長篇據題論辨文的大成

作者將自己的思想、情感或想像以文字表達出來，其目的，消極的可能是僅在自我發洩、自我慰藉、自我欣賞或僅錄以備忘而已；而積極的目的，則是爭取共鳴，可能是爲了經世治國、教化正俗，也可能是爲了感動他人、娛樂他人。

先秦的散文，尙書、左傳、國語、國策，都着重在歷史或敎訓的記錄。消極的目的是記事，積極的目的是經世治國，敎化正俗。這些書的寫作者，並未表現出濃厚的個人思想、情感和想像。論語、老子、墨子、孟子、莊子、荀子以及韓非子諸書，則有極多的作者思想、情感和想像貫穿全書，令人讀了有特殊的感受。不論其見諸文字時是自我發洩、自我慰藉、或僅錄以備忘並傳於後代，他們却有共同的積極的目的，但是並不在陶冶人身心的那一方面，所以有人稱之爲「哲學散文」（中國文學發達史）。

韓非的文章，在先秦時代，就性質而言是哲學散文這一系統的殿後作品。在結構上，此類作品是由短章記言體（如論語），進而爲長篇記言體（如墨子、孟子），再進而發展爲據題抒論體（如荀子、韓非子）。韓非的文章，就是據題抒論體，而且是長篇的據題抒論體的傑作。由短篇而長篇是一項進步；由先有文章再定題目到先定題目再就題議論，也是一項進步。韓非的文章兼備了這兩項進步的成果，而且是集大成的作品。

在文章風格上，先秦文章大多有一種論辨爭執的氣味。墨子文章講名學，推理層次分明，是論辨文的典型；孟子則是氣勢盛大，而又充滿論辨批評味道的儒家經典。韓非子的文字，可以說承襲了這種論辨推理的風格，而又加以發揮，使效果更臻理想。這種論辨的文章風格，固然受當時縱橫家及一般遊說者在言辭表達方式上的影響，但是在各家爭鳴的客觀環境下，不攻擊他人，則不足以生存，不反覆辨論，則不足以立說。孟子「予豈好辯哉？予不得已也」（孟子滕文公）的話，正道出此中情形。

韓非的文章，在散文系統中，是論辨文一類的名作。

吳闓生就曾說：「論難之文，以韓非為極則，用筆深刻廉悍，冰解的破，無堅不摧，使對敵者無置喙餘地。而英姿颯爽勁快無比，千古名家辨論文字，無不導源於此，而莫有能與之抗行者，可謂絕調矣。」（古文範）

梁啓超也說：「其文最長處在壁壘森嚴，能自立於不敗之地以摧敵鋒，非深於名學者，不能幾也。故在今日尤宜學之。」（國學研讀法三種要籍解題及其讀法）

第二節　文體的創新

韓非在論辯文上的造詣，是承先的方面，到他而達到頂峯。至於獨創的貢獻則有二：

一、「難」體的首創。

「齊桓公時，有處士曰小臣稷。桓公三往而弗得見。桓公曰：『吾聞布衣之士，不輕爵祿，無以易萬乘之主；萬乘之主，不好仁義，亦無以下布衣之士。』於是五往，乃得見之。

「或曰：桓公不知仁義。夫仁義者，憂天下之害，趨一國之患，不避卑辱，謂之仁義。故伊尹以中國為亂，道為宰于湯；百里奚以秦為亂，道為虜于穆公；（顧廣圻曰：兩于字當作干。）皆憂天下之害，趨一國之患，不辭卑辱，故謂之仁義。今桓公以萬乘之勢，下匹夫之士，將欲憂齊國，而小臣不行見，（王先慎曰：行當作得。）小臣之忘民也，（王先慎曰：小上脫是字。）忘民不可謂仁義。仁義者，不失人臣之禮，不敗君臣之位者也。是故四封之內，執會而朝，名曰臣；臣吏分職受事，名曰萌。今小臣在民萌之衆，而逆君上之欲，故不可謂仁義。仁義不在焉，桓公又從而禮之。使小臣有智能而遁桓公，是隱也，宜刑；若無智能而虛驕矜桓公，是誣也，宜戮。小臣之行，非刑則戮，桓公不能領臣主之理，而禮刑戮之人，是桓公以輕上侮君之俗，教於齊國也，非所以為治也。故曰：桓公不知仁義。」（難一）

篇題是「難」，有明顯的辨論責難的用意。批評責難他人理論或作法的方式很多，有時不明白批評，只申明己意，作一反駁，而責難的意思自然存在其中；有時則一邊敍述事實，一邊批評，敍和議夾雜出現；有時從頭到尾只是議論，其責難的主題，要讀者自行揣摩。這些方式都可以用，也都有人用，但是可能有一些缺點。讀者領悟力不夠則無從瞭解作者申述己意是爲了責難，也無從體會這一番議論爲何而發？爲誰而起？而批評中夾雜進敍述，又怕讀者誤會作者爲了便於議論，有敍述不盡不實的地方。爲了避免這些先天的缺點，韓非創用了「難」的作法。

「難」有四篇，寫作的體例一致，先敍事，後議論。客觀的敍事，不加任何批評責難，以示公正眞實。議論部分則以「或曰」二字起頭，發抒己意，責難他人所言所行，用示區分。這時領悟力再差的讀者，也不致於摸不清作者的用意和不明白作者的立場與觀點。至於讀起來富有趣味性，則其餘事。

後代史學家寫史論，就用這種方法。司馬遷史記就是先敍事，敍事時爲示公正客觀，爲保持眞象，絕不加入個人的思想和情感。但是沒有人沒有思想和情感，尤其在面對一些事情時，難免有個人意見，於是司馬遷用「太史公曰」代替「或曰」，發表一些史家自己的觀感。後代正史的作者，都沿用此一方法，成爲定例。而這種作法，首創於韓非，適合於敍事，也適合於議論。

二、內外儲說的自爲經傳

內儲說上七術

「主之所用也七術，所察也六微。七術：一曰：衆端參觀。二曰：必罰明威。三曰：信賞盡能。四曰：一聽責下。五曰：疑詔詭使。六曰：挾知而問。七曰：倒言反事。此七者，主之所用也。

「觀聽不參，則誠不聞。聽有門戶，則臣壅塞。其說在侏儒之夢見竈，哀公之稱莫衆而迷，故齊人見河伯，與惠子之言亡其半也。其患在豎牛之餓叔孫，而江乙之說荊俗也，嗣公欲治不知，故使有敵。是以明主推積鐵之類，而察一市之患。

參觀一

…………………

倒言七　右經

「一、（盧文弨曰：凌本作「傳一」，下倣此。）

「衛靈公之時，彌子瑕有寵，專於衛國。侏儒有見公者，曰：『臣之夢踐矣！』公曰：『何夢？』對曰：『夢見竈，為見公也。』公怒曰：『吾聞見人主者夢見日，奚為見寡人而夢見竈？』對曰：『夫日，兼燭天下，一物不能當也；人君兼燭一國，一人不能擁也，（顧廣圻曰：擁當作壅。）故將見人者夢見日。夫竈，一人煬焉，則後人無從見矣。今或者一人有煬君者乎？則臣雖夢見竈，不亦可乎？』

「魯哀公問於孔子曰：『鄙諺曰：莫衆而迷。今寡人舉事與羣臣慮之，而國愈亂，其故何也？』孔子對曰：『明主之問臣，一人知之，一人不知也，如是者明主在上，羣臣直議於下。今羣臣無不一辭同軌乎季孫者，擧魯國盡化為一，君雖問境內之人，猶不免於亂也。』……

「齊人有謂齊王曰：『河伯，大神也。王何不試與之遇乎？臣請使王遇之。』乃為壇場大水之上，而與王立之馬。有閒，大魚動，因曰：『此河伯！』

「張儀欲以秦韓與魏之勢伐齊荊，而惠施欲以齊荊偃兵。二人爭之，羣臣左右皆為張子言，而以攻齊荊為利，而莫為惠子言。王果聽張子，而以惠子言為不可。攻齊荊事已定，惠子入見。王言曰（王先愼曰：言字不當有。）：『先生毋言矣。攻齊荊之事果利矣，一國盡以為然。』惠子因說：『不可不察也。夫齊荊之事也誠利，一國盡以為利，是何智者之衆也？攻齊荊之事誠不利，一國盡以為利，是何愚者之衆也？凡謀者，疑也。疑也者，誠疑，以為可者半，以為不可者半。今一國盡以為可，是王亡半也。』劫主者，固亡其半者也。

「叔孫相魯，貴而主斷。其所愛者曰豎牛，亦擅用叔孫之令。叔孫有子曰壬，豎牛妬而欲殺之。因與壬游於魯君所，魯君賜之玉環。壬拜受之而不敢佩，使豎牛請之叔孫。豎牛欺之曰：『吾已為爾請之矣，使爾佩之。』壬因佩之。豎牛因謂叔孫：『何不見壬於君乎？』叔孫曰：『孺子何足見也。』豎牛曰：『壬固已數見於君矣。君賜之玉環，壬已佩之矣。』叔孫召壬見之，而果佩之，叔孫怒而殺壬。壬兄曰丙，豎牛又妒而欲殺之。叔孫為丙鑄鐘，鐘成，丙不敢擊，使豎牛請之叔孫，豎牛不為請，又欺之曰：『吾已為爾請之矣，使爾擊之。』丙因擊之。叔孫聞之曰：『丙不請而擅擊鐘。』怒而逐之。丙出走齊。居一年，豎牛為謝叔孫，叔孫使豎牛召之。又不召而報之曰：『吾已召之矣，丙怒甚，不肯來。』叔孫大怒，使人殺之。二子已死，叔孫有病，豎牛因獨養之，而去左右，不內人，曰：『叔孫不欲聞人聲。』因不食而餓死。叔孫已死，豎牛因不發喪也，徙其府庫重寶，空之而奔齊。夫聽所信之言，而子父為人僇，此不參之患也。

「江乙為魏王使荊，謂荊王曰：『臣入王之境內，聞王之國俗曰：君子不蔽人之美，不言人之惡。誠有之乎？』王曰：『有之。』『然則若白公之亂，得庶無危乎？（顧廣圻曰：無庶字。）誠得如此，臣免死罪矣。』

「衛嗣君重如耳，愛世姬，而恐其皆因其愛重以壅己也，乃貴薄疑以敵如耳，尊魏姬以耦世姬。曰：『以是相參也。』嗣君知欲無壅，而未得其術也。夫不使賤議貴，下必坐上，（王先慎曰：必字衍文。）而必待勢重之鈞也，而後敢相議，則是益樹壅塞之臣也。嗣君之壅乃始。

「夫矢來有鄉，則積鐵以備一鄉；矢來無鄉，則為鐵室以盡備之，備之則體不傷。故彼以盡備之不傷，此以盡敵之無姦也。

「龐恭與太子質於邯鄲，謂魏王曰：『今一人言市有虎，王信之乎？』曰：『不信。』『二人言市有虎，王信之乎？』曰：『不信。』『三人言市有虎，王信之乎？』王曰：『寡人信之。』龐恭曰：『夫市之無虎也明矣，然而三人言而成虎。今邯鄲之去魏也遠於市，議臣者過於三人，願王察之。』龐恭從邯鄲反，竟不得見。

二八

「董閼于爲趙上地守。……（以下同上文之體例）」

這種作法分爲兩大部分：第一部分是經，說明立論主旨並加申論。由於理論並不深奧，而所欠缺的是讀者對此理論的信服力，因此必須多舉事實爲證，令人不能不信，不能不服。但是在行文中揷入太多的證據，將使前後數段的主旨有相隔太遠，無法連貫，不能一氣呵成的弊病。爲了證據的不可少，爲了文章的連貫性，韓非便把各段所有的證據，集中在後面一起敍述，這就是第二部分：傳。爲免重複，在「經」的部分中，只把所舉的證據各用最簡要的一句話點到爲止，像：「侏儒之夢見竈」。至於此事究竟如何，傳中自有敍述，而傳的部分只說故事，不多申論，經傳配合，構成一個整體。

第三章　韓非文章對後代的影響

第一節　文章風格方面

章學誠以爲戰國文章，都出於六藝。章氏說：

「道體無所不該，六藝足以盡之。諸子之為書，其持之有故，而言之成理者，必有得於道體之一端，而後乃能恣肆其說，以成一家之言也。所謂一端者，無非六藝之所該，故推之而皆得其所本，非謂諸子果能服六藝之教，而出辭必衷於是也。……管商法制，義存政典，禮教也；申韓刑名，旨歸賞罰，春秋教也。」（文史通義詩教上）

章氏尊崇六藝，認爲六藝無所不包，諸子得其一端而各有所取捨，法家者流，則出於禮與春秋。謂法家思想出於六藝，以六藝該包古代典籍而言，自有可說；若謂韓非文章出於春秋，則二者相去頗遠，實非確論。

包世臣則謂韓非文章，出於荀子，而與呂覽同爲後世文章家所本。包氏說：「文之奇宕至韓非，平實至呂覽，斯極天下能事矣，其源皆出荀子。蓋韓子親受業，而呂子集論諸儒，多荀子之徒也。荀子外平實而內奇宕，其平實過孟子，而奇宕不減孫武。然甚難

學，不如二子之門徑分，而塗轍可循也。」（藝舟雙楫，摘鈔韓呂二子題詞）

又說：「至劉子政乃合二子而變其體勢，以上追荀子，外奇宕而內平實，遂為文家鼻祖。蓋文與子分，自子政始也。」（同上）

綜觀包氏所言，以荀子為宗而分韓呂二支，至漢劉向復合二子之長為一，上追荀子，而成為文章家鼻祖。而且思想與文章分為二途，各自獨立，也從劉向開始。

劉師培說：「中國文學至周末而臻極盛。莊列之深遠，韓張之縱橫，韓非之排奡，荀呂之平易，皆為後世文章之祖。」（劉申叔先生遺書，論文雜記）先秦文章各體均備，先秦文章風格各異，都是後代學文者的典範。韓非的文章，實集先秦論辨文的大成而登峯造極；韓非的思想，也集先秦法家思想的大成而自具體系。所以後代學文章者，想學好論辨文，自然不能不讀韓非子一書；後代喜法家思想者，更不能不讀韓非子一書；這兩類人在平日浸潤下，所寫的文章，自然具有韓非的風格，或不期然的學習韓非的文章技巧。

一人的成功，絕非只有學習，尤其要能創新。凡古文大家，勢必在學習古人以外，能自樹一幟，有其獨到之處，所以想在文章中找到某某人明確的學習痕跡，並非易事。

包世臣說：「八家工力至厚，莫不沉酣于周秦兩漢子史百家，而得體勢于韓公子、呂覽者為尤深。徒以薄其為人，不欲形諸論說，然後世有識，飲水辨源，其可掩耶？」（藝舟雙楫，再與楊季子書）

包氏認爲唐宋八大家作文，多得力於先秦諸子，而尤深於韓呂兩家，但却因爲鄙薄韓非和呂不韋的爲人，而不願明白倡言學文於這兩家。即以韓愈爲例，他儒家立場太鮮明，以致學了儒家以外諸子的文章，也絕不肯說出。韓愈批評道家，他不能說學莊子；韓非批評儒家，韓愈不說學韓非，只說學孟子，孟子也是論辨文的典範，文章學孟子自然比學韓非更有助於他尊儒倡道的立場，但是事實上他不只學孟子一家。

在上述情況下，除了本人自己說明文章學某人以外，他人想硬性的歸類作一劃分，實在不容易。何況在說明某人文章有某人風格時，歧見也極多。在此謹依古人的說法，略舉一些歷代有韓非文章風格的作家，以便參考研究。

一、蒯通、賈誼。　包世臣：「蒯通，賈生出於韓。」（藝舟雙楫，摘鈔韓呂二子題詞）

劉師培：「西漢之時，文人輩出，賈誼之文，剛健篤實，出于韓非。」（劉申叔先生遺書，南北文學不同論）

二、晁錯。　惲敬：「晁錯自法家、兵家入，故其言峭實。」（大雲山房全集，二集敍錄）

三、司馬遷。　包世臣：「史公推勘事理，興酣韻流，多近韓。序述話言，如聞如見，則入呂尤多。」（藝舟雙楫，摘鈔韓呂二子題詞）

劉師培：「或出語雄奇，如史遷、賈生之文出韓非。」（劉申叔先生遺書，論文雜記）

四、劉向。　已見前引包世臣語。

五、王充。　章學誠：「王充與儒何仇乎？且其問孔，刺孟諸篇之辨難，以爲儒說非也，其文有似韓非矣。」（文史通義，匡謬）

梁啓超：「難一、難二、難三、難四、四篇，專對不合理的事實或學說而下批評，多精覈語。後此王充論衡，正學其體。」（國學研讀法三種，要籍解題及其讀法）

六、韓愈。　惲敬：「韓退之，自儒家、法家、名家入，故其言峻而能達。」（大雲山房全集，二集敍錄）

包世臣：「昌黎取材至富，雖原本孟子，而得筆不止一家。」（藝舟雙楫，復李邁堂書）

七、柳宗元。　姚鼐：「子厚取于韓非、賈生。」（古文辭類纂序）

包世臣：「柳州以下，皆得之韓、呂二子。」（藝舟雙楫，復李邁堂書）

許文雨：「柳文各篇設對，如設漁者、對智伯、愚溪對、對賀者等首，又問答各首及鶡說，祀朝日說各首；並博喻釀采，與韓非子內外儲說近似。」（文論講疏，古文辭類纂篇注）

八、歐陽修、蘇洵、蘇軾。　包世臣謂劉向文章集韓呂大成，爲文家鼻祖，而「子厚、永叔，明允、介甫、子瞻，俱導源焉。」（藝舟雙楫，摘鈔韓呂二子題詞）（蘇洵參看下惲敬條。）又謂柳宗元文章得之韓呂二子，而「永叔、東坡所得尤多。」（復李邁堂書）

九、王安石。　章學誠：「……王安石之法家，皆以生平所得，見於文字，旨無旁出，卽古人之所以自成一子者也。」（校讎通義，宗劉）

劉師培：「介甫之文，侈言法制，因時制宜，而文辭奇峭，推闡入深，法家之文也。」（劉申叔先生遺書，論文雜記）

劉麟生：「後來柳宗元的雋潔，王安石的峭拔，都與此（峭刻派的韓非子）爲近。」（中國文學概論在中國文學八論中）

十、惲敬。　惲子居先生事略：「治古文得力於韓非、李斯，與蘇明允相上下，近法家言。」（國朝先正事略）

劉師培：「子居之文，取法半山（按：王安石）。安吳之文（按：包世臣），洞陳時弊，兵農刑政，酌古準今，不諱功利之談，爰立後王之法，此法家之支派也。」（劉申叔先生遺書，論文雜記）

十一、包世臣　見惲敬條劉師培語。前引包氏語亦可參看。

十二、吳汝綸　陳柱：「後世古文家學法家之文最著名者爲柳宗元、王安石，淸之吳汝綸亦其次也。」（中國散文史）

第二節　內外儲說方面

內外儲說，體例特殊，自爲經傳，後世謂爲「連珠」之祖。在韓非當時，並無「連珠」一名，宋楊愼說：「韓非書中有連語，先列其目，後著其解，謂之連珠。」（升菴外集）楊氏所謂先列其目，可能指經而言，後著其解，可能指傳而言。章學誠則認爲：「韓非儲說，比事徵偶，連珠之所肇也。」（文史通義詩教上）北史李先傳：「召先讀韓子連珠論二十二篇，太公兵法十一事。」文心雕龍雜文篇范文瀾氏注說：

「按：韓非子內儲說上有七術七條，內儲說下有六微六條，外儲說左上所舉凡六條，外儲說左下所舉凡六條，外儲說右上所舉凡三條，外儲說右下所舉凡五條，計共三十三條，疑二十二為三十三之誤。（周禮天官掌皮注『故書二為三，杜子春云當為二。』二之與三，最易混淆，自古為然。）此三十三條，韓非子皆稱之曰經，李先嫌其稱經，故改名曰論，又以其辭義前後貫注，揚雄擬之稱連珠，因名為『連珠論』。內儲謂聚其所說，皆君之內謀；外儲言明君觀聽臣下之言行，以斷其賞罰，賞罰在彼，故曰外也。皆人君南面之術，故李先為魏帝讀之。（先以連珠論與太公兵法同讀，更可信是內外儲說。）」

這段話說明了韓非的內外儲說和連珠的關係。此外連珠體的創始者，還有下列不同說法：揚雄（任昉文章緣起，沈約注制旨連珠表，文心雕龍雜文篇），漢章帝時班固、賈逵、傅毅之流（傅玄連珠序）；始於漢魏，乃荀子演成相之流亞（劉師培論文雜著）；始於鄧析子（孫德謙六朝麗指）；先秦已有，不自韓非始（嚴靈峯文章中連珠體的探究）。

何謂「連珠」？

傅玄連珠序說：「其文體，辭麗而言約，不指說事情，必假喩以達其旨，而覽者微悟，合於古詩勸興之義。欲使歷歷如貫珠，易覩而可悅，故謂之連珠。」（藝文類聚卷五十七雜文三連珠）

沈約注制旨連珠表說：「連珠者，蓋謂辭句連續，互相發明，若珠之結排也。」（同上）

劉勰說：「夫文小易周，思閑可贍。足使義明而詞淨，事圓而音澤，磊磊自轉，可稱珠耳。」（文心雕龍雜文）

吳訥說：「大抵連珠之文，貫穿事理，如珠在貫。其辭麗，其言約，其體，則四六對偶而有韻。」（文章辨體）

劉師培說：「首用喻言，近於詩人之比興，繼陳往事，類於史傳之贊辭。而儷語韻文，不沿奇語，亦儷體中之別成一派者也。」（劉申叔先生遺書，論文雜記）

綜合上述各家的說法，大同小異，互相發明。連珠的得名和特點，也都有所說明。連珠的作家，漢代有揚雄、班固、賈逵、傅毅、杜篤、劉珍、潘勖（杜、劉、潘三人見文心雕龍雜文篇）。晉代有陸機，號稱大家，劉勰說：「唯士衡運思，理新文敏，而裁章置句，廣於舊篇。」（文心雕龍雜文）陸氏作品五十首，見昭明文選卷五十五。此後作者，雖代不乏人，但已不足觀。茲舉揚雄、陸機二人作品為例：

揚雄　連珠　錄自藝文類聚卷五十七

1 臣聞：明君取士，貴拔衆之所遺；忠臣薦善，不廢格之所排。是以巖穴無隱，而側陋章顯也。

2 臣聞：天下有三樂，有三憂焉。陰陽和調，四時不忒，年穀豐遂，無有夭折，災害不生，兵戎不作，天下之樂也。聖明在上，祿不遺賢，罰不偏罪，君子小人，各處其位，衆臣之樂也。吏不苟暴，役賦不重，財力不傷，安土樂業，民之樂也。亂則反焉，故有三憂。

陸機　演連珠　錄自昭明文選卷五十五

1 臣聞：日薄星迴，穹天所以紀物；山盈川沖，后土所以播氣。五行錯而致用，四時違而成歲。

是以百官恪居以赴八音之離，明君執契以要克諧之會。

2臣聞：任重於力，才盡則困；用廣其器，應博則凶。是以物勝權而衡殆，形過鏡則照窮。故明主程才以効業，貞臣底力而辭豐。

由上舉四例，可見後代的所謂連珠，雖然在文字風格上有類似韓非文章的地方，但若肯定連珠肇始於韓非內外儲說則未免有些牽強。最多可以說是從內外儲說獲得一些啓發，略加改變後所自成的一體，但事實上在演變以後，已大不同於內外儲說了。有關連珠體的探討，可參看廖蔚卿先生論連珠體的形成一文（刋幼獅學誌第十五卷第二期）和嚴靈峯先生文章中連珠體的探究一文（刋氏著經子叢著第十册中）。

第四章　韓非文章的特點

第一節　特殊的風格

一個人文章中所表現的特殊風格，是由許多內在外在不同的因素所促成，大而時代潮流，地理環境，小而一生遭遇，學習過程，在在都影響一個人的個性、思想和情感。作者的個性、思想、情感，左右他的言行並造成文章的風格。

劉勰說：「歌謠文理，與時推移。」（文心雕龍時序）時代潮流，社會風尚，影響當時每一個人，也影響人的作品，求證於文學史，殆無可疑。偉大的作品，固然不脫離時代，而尤可貴於反應時代、影響時代甚而領導時代。韓非生當戰國末世，在時代的影響下，他傾向於功利現實是意料中事。在老師荀卿門下求學，瞭解了人性的醜惡面，明白了先王的不可法。而個人一生目睹家國的衰亂，有志未伸，遭遇坎坷，先天的缺陷，後天的困阨，使他趨向於極端。這一切外在的刺激，造成了他特殊的、冷酷的性格，而此種性格又被他充分在文章中表現了出來。一腔怒火，滿懷激憤，冷靜的思想，無情的論調，現實的觀點，峻切的文字，就是他文章特殊的風格，給讀者以極深的刺激和震撼。（參閱

第一篇第一、第二、第四各章。）顧實中國文學史大綱說：「其文致亦自警峭，有萬斛熱血從周身迸出之觀。蓋彼爲活潑之大不平家，故決不泣、不怨、不苦，變而爲怒，爲憤、爲悶，結末乃至自殺其軀也。」

「孟子自范之齊，望見齊王之子，喟然歎曰：『居移氣，養移體，大哉居乎！夫非盡人之子與？』」（孟子盡心上）皆是人子，所居不同，所養不同，氣質遂亦有別。晏嬰答楚王說：「橘生淮南則爲橘，生于淮北則爲枳。葉徒相似，其實味不同。所以然者何？水土異也。」（晏子春秋內篇雜下第六）水土對於萬物，影響之大如此，地理環境對於人，又何獨不然？「子路問强。子曰：『南方之强與？北方之强與？抑而强與？寬柔以教，不報無道，南方之强也，君子居之。衽金革，死而不厭，北方之强也，而强者居之。……』」（禮記中庸第十章）這已明白說出南方人和北方人個性的差異，而此不同，則是地理環境的影響頗大。

劉師培氏把這個現象，運用在文學解釋上，他說：

「荀子有言：『君子居楚而楚，居夏而夏。』夏為北音，楚為南音，音分南北，此為明徵。聲音既殊，故南方之文，亦與北方迥別。大抵北方之地，土厚水深，民生其間，多尚實際；南方之地，水勢浩洋，民生其際，多尚虛無。民崇實際，故所著之文，不外記事析理二端；民尚虛無，故所作之文，或為言志抒情之體。」（劉申叔先生遺書，南北文學不同論）

中國地大物博，地理環境相差亦大，人生長其間，文學風格遂隨之而有不同。劉氏又說：「韓、

第四章　韓非文章的特點

第一節　特殊的風格

一個人文章中所表現的特殊風格，是由許多內在外在不同的因素所促成，大而時代潮流，地理環境，小而一生遭遇，學習過程，在在都影響一個人的個性、思想和情感。作者的個性、思想、情感，左右他的言行並造成文章的風格。

劉勰說：「歌謠文理，與時推移。」（文心雕龍時序）時代潮流，社會風尚，影響當時每一個人，也影響人的作品，求證於文學史，殆無可疑。偉大的作品，固然不脫離時代，而尤可貴於反應時代、影響時代甚而領導時代。韓非生當戰國末世，在時代的影響下，他傾向於功利現實是意料中事。在老師荀卿門下求學，瞭解了人性的醜惡面，明白了先王的不可法。而個人一生目睹家國的衰亂，有志未伸，遭遇坎坷，先天的缺陷，後天的困阨，使他趨向於極端。這一切外在的刺激，造成了他特殊的、冷酷的性格，而此種性格又被他充分在文章中表現了出來。一腔怒火，滿懷激憤，冷靜的思想，無情的論調，現實的觀點，峻切的文字，就是他文章特殊的風格，給讀者以極深的刺激和震撼。（參閱

第一篇第一、第二、第四各章。）顧實中國文學史大綱說：「其文致亦自警峭，有萬斛熱血從周身迸出之觀。蓋彼爲活潑之大不平家，故決不泣、不怨、不苦，變而爲怒，爲憤、爲悶，結末乃至自殺其軀也。」

「孟子自范之齊，望見齊王之子，喟然歎曰：『居移氣，養移體，大哉居乎！夫非盡人之子與？』」（孟子盡心上）皆是人子，所居不同，所養不同，氣質遂亦有別。晏嬰答楚王說：「橘生淮南則爲橘，生于淮北則爲枳。葉徒相似，其實味不同。所以然者何？水土異也。」（晏子春秋內篇雜下第六）水土對於萬物，影響之大如此，地理環境對於人，又何獨不然？「子路問强。子曰：『南方之强與？北方之强與？抑而强與？寬柔以敎，不報無道，南方之强也，君子居之。衽金革，死而不厭，北方之强也，而强者居之。……』」（禮記中庸第十章）這已明白說出南方人和北方人個性的差異，而此不同，則是地理環境的影響頗大。

劉師培氏把這個現象，運用在文學解釋上，他說：

「荀子有言：『君子居楚而楚，居夏而夏。』夏為北音，楚為南音，音分南北，此為明徵。聲音既殊，故南方之文，亦與北方迥別。大抵北方之地，土厚水深，民生其間，多尚實際；南方之地，水勢浩洋，民生其際，多尚虛無。民崇實際，故所著之文，不外記事析理二端；民尚虛無，故所作之文，或為言志抒情之體。」（劉申叔先生遺書，南北文學不同論）

中國地大物博，地理環境相差亦大，人生長其間，文學風格遂隨之而有不同。劉氏又說：「韓、魏、陳、宋，地界南北之間，故蘇張之横放，韓非之宕跌，起於其間。」（同上）韓非所處的地理環境，影響了他文章的風格，由於地界南北之間，所以着重析理之外，也可謂爲言志之作。

韓非受時代潮流的左右，地理環境的影響，家國與個人的遭遇更深深的刺激他，迫使他把滿腔熾熱的愛國情操收起，那被現實壓抑下去的情感，轉而以另一種風格表現在文章中，恰和南方的屈原成一强烈對比。讀韓非文章，可以深刻的感受到有一個活生生的作者，這種如對古人的情形，唯有在具有獨特風格的作品中出現。

第二節　完整的布局

韓非文章的主要目的在說理，說明法治、術治和勢治的道理，不同於純粹言志抒情的作品，所以對文章在形式方面的要求，着重在如何把思想清楚明白，而又直接眞實的傳達出去，達到說服他人，影響他人的目的。韓非以他冷靜清楚的頭腦，透過明晰的條理和嚴緊的結構使文章的布局更完整，收到更良好的效果。

一、明晰的條理

「明主之所導制其臣者，二柄而已矣。二柄者，刑德也。何謂刑德？曰，殺戮之謂刑，慶賞之謂德。為人臣者畏誅罰而利慶賞，故人主自用其刑德，則羣臣畏其威而歸其利矣。」（二柄）

「十過：一曰：行小忠，則大忠之賊也。二曰：顧小利，則大利之殘也。三曰：行辟自用，無禮諸侯，則亡身之至也。四曰：不務聽治，而好五音，（王先愼曰：音下當有不已二字。）則窮身之事也。五曰：貪愎喜利，則滅國殺身之本也。六曰：耽於女樂，不顧國政，則亡國之禍也。七曰：離內遠遊，而忽於諫士，則危身之道也。八曰：過而不聽於忠臣，而獨行其意，則滅高名為人笑之始也。九曰：內不量力，外恃諸侯，則削國之患也。十曰：國小無禮，不用諫臣，則絶世之勢也。」（十過）

這類以數目字作篇名的文章，給人一目瞭然的感覺，這就是明晰的條理。像：八姦、三守、七術（內儲說上）、六微（內儲說下）、六反、八說、八經、五蠹諸篇，也是條理明晰，直截了當。

二、嚴緊的結構

晋平公問叔向說：「昔者齊桓公九合諸侯，一匡天下，不識臣之力也？君之力也？」（難二）叔向認爲是臣的力量，功在臣不在君，師曠則認爲是君的力量，而不是臣。韓非說：

「叔向，師曠之對，皆偏辭也。夫一匡天下，九合諸侯，美之大者也。非專君之力也，又非專臣之力也。

「昔者宮之奇在虞，僖負羈在曹，二臣之智，言中事，發中功，虞曹俱亡者，何也？此有其臣，而無其君者也。且蹇叔處干而干亡，（俞樾曰：干卽虞也。）處秦而秦霸，非蹇叔愚於干而智於秦也，此有君與無臣也。（顧廣圻曰：臣當作君。）向曰臣之力也，不然矣。

「昔者桓公宮中二市，婦閭二百，被髮而御婦人。得管仲，為五百長；失管仲，得豎刁，而身死蟲流出尸不葬。（王先愼曰：尸當作戶。）以為非臣之力也，且不以管仲為霸；以為君之力也，且不以豎刁為亂。昔者晉文公慕於齊女而忘歸，咎犯極諫，故使得反晉國。故桓公以管仲合，文公以勇犯霸，而師曠曰君之力也，又不然矣。

「凡五霸所以能成功名於天下者，必君臣俱有力焉。故曰：叔向、師曠之對，皆偏辭也。」

第一段開門見山，論定叔向，師曠的回答，都是一偏之見，只知其一不知其二，同時表明自己的觀點是：君臣都有力，相輔而相成。第二段以宮之奇，僖負覊，蹇叔三人爲例，說明成功並非全賴大臣的力量。第三段舉齊桓公，晋文公爲例，說明成功也不是全靠國君的本領。最後一段，根據上兩段的推論，證實了作者觀點的正確，所以重申己見，與前文呼應。

由這一小段文章，可以看出韓非文章結構的嚴緊。首尾有呼應，擧證有正反，論斷有破更有立。文章不長，但無懈可擊，類似的文章很多，不徧擧，可參閱第八篇第一章定法篇的欣賞。

第三節　高明的技巧

說理文，重條理、講結構，其目的卽在透過完整的章法布局，傳達一個思想、一個觀念。但是思想和觀念的能否被讀者接受，則有賴於證據的强弱和比喻的運用。韓非的文章，卽是以證據的强勁而豐富，和比喻的巧妙而淺近取勝。

一、豐富的證據

說理文重證據，錢基博氏說：

「議論貴具識見，而識見貴能真實。徒託空言，無徵不信，故議論出以引徵。如：墨子之明鬼，荀子之非相，……皆議論少而引證多。蓋證佐備而識見真也。夫證故事自然以多為貴，如不能多，莫如對舉二事。古之人有行之者，孟子是也。王不待大，湯以七十里，文王以百里；以大事小，則湯事葛，文王事昆夷，以小事大，則大王事獯鬻、勾踐事吳。……蓋單舉則似一事偶合，對舉二事，則其理若無不確者，而證辯之力亦厚矣。」（模範文選，言事門證明法）

韓非文章善用證據，所以他的理論儘管有時失之偏激，但也是有事實作根據，難怪他會那麼想那麼說，這就是豐富的證據的力量。

用證據最多的是內外儲說，（參閱本篇第二章第二節）其他的則大多用兩個以上的證據，如：上節論嚴緊的結構時所引難二篇的一段文字，一組是宮之奇，僖負羈、蹇叔，另一組則是齊桓公、晋文公。這就是前引錢基博氏所說的那種作法，以證據豐富取勝。

二、巧妙的比喻

論說文固然是以正面申論為主，但為加强說服力，不能沒有證據，為幫助瞭解，則不能沒有比喻。一個巧妙而適切的比喻，用在深刻而不易體會的理論上，較之反覆申論，效果可能有過之而無不及。二者並用固佳，甚且有此比喻之後，已無需多所申論，其效果常出人意表。最重要的是：要以大家所熟知，易知的事物作比喻，否則愈增困惑。比喻所用的文字不貴長，而貴在能以淺喻深，以易喻難，以已知喻未知。

韓非的文章，比喻運用極多，而且巧妙適當，細心讀之，當能察覺他文章寫作技巧的高明，而尤能有助於自身學習如何運用比喻。茲舉二例為證：

「客曰：人有鬻矛與楯者，譽其楯之堅，物莫能陷也，俄又譽其矛曰：吾矛之利，物無不陷也。人應之曰：以子之矛，陷子之楯何如？其人弗能應也。」（難勢）

以矛楯的不可同譽，比喻賢勢二者的不能相容，以反駁儒家之流的學者賢勢並用的主張，簡單明瞭，不假深思而自然明白。又如何令讀者瞭解當時儒者，想以先王之政，來治後世之民的觀念的可笑與不可能？韓非只以一個守株待兔的比喻，去讓讀者自己心領神會。他說：

「宋人有耕者，田中有株，兔走觸株，折頸而死。因釋其耒而守株，冀復得兔。兔不可復得，而身為宋國笑。今欲以先王之政，治當世之民，皆守株之類也。」（五蠹）

前舉二例已極明顯的說明了比喻的妙用和效果。韓非博引證據，善用比喻，其寫作技巧的高明，可以想見！

第四節　精彩的文句

一、簡勁的文字

「凡說之難，非吾知之有以說之之難也；又非吾辯之能明吾意之難也；又非吾敢橫失而能盡之難也。凡說之難，在知所說之心，可以吾說當之。

「所說出於為名高者也，而說之以厚利，則見下節而遇卑賤，必棄遠矣。所說出於厚利者也，而說之以名高，則見無心而遠事情，必不收矣。所說陰為厚利而顯為名高者也，而說之以名高，則陽收其身，而實疏之；說之以厚利，則陰用其言，顯棄其身矣。此不可不察也。」（說難）

由節引的說難篇前兩段，不難看出文字的簡勁有力，文意的直截了當。開始卽點出說難，但不正面說，先自反面說明遊說並不難在一般人以爲難的那三方面，所以一開始就抓住了讀者心理，迫切的想知道眞正難在何處。答案只有一句。第二段卽由三方面說明這一句主題。文字簡單乾淨，無冗字冗句，明快而直截，不拖泥帶水，不迂緩無力，這就是韓非文章的特點。

二、工整的句法

韓非作文，常有工整的句法出現，讀來韻味十足。

1 一句一組

「儒以文亂法，俠以武犯禁。」（五蠹）

「相愛者比周而相譽，相憎者朋黨而相非。」（南面）

2 兩句一組

「去好去惡，臣乃見素；去舊去巧，臣乃自備。」（主道）

「行仁義者非所譽，譽之則害功；工文學者非所用，用之則亂法。」（五蠹）

3.三句一組

「設民所欲，以求其功，故為爵祿以勸之；設民所惡，以禁其姦，故為刑罰以威之。」（難一）

「今有功者必賞，賞者不得君，（顧廣圻曰：得當作德。）力之所致也；有罪者必誅，誅者不怨上，罪之所生也。」（難三）

4.兩句一組，兩組連用。

「夫嚴刑者，民之所畏也；重罰者，民之所惡也。故聖人陳其所畏，以禁其衺；設其所惡，以防其姦。」（姦劫弒臣）

「且夫發囷倉而賜貧窮者，是賞無功也；論囹圄而出薄罪者，是不誅過也。夫賞無功，則民偷幸而望於上；不誅過，則民不懲而易為非。」（難三）

5.兩句一組，三組連用。

「賞莫如厚而信，使民利之；罰莫如重而必，使民畏之，法莫如一而固，使民知之。」（五蠹）

「有智而不以慮，使萬物知其處；有行而不以賢，（王先慎曰：當作有賢而不以行。）觀臣下之所因；有勇而不以怒，使羣臣盡其武。」（主道）

6.兩句一組，四組連用。

「賞莫如厚，使民利之；譽莫如美，使民榮之；誅莫如重，使民畏之；毀莫如惡，使民恥之。」（八經）

「其有功也爵之，（盧文弨曰：其上當有以字，與下同。）而卑其士官也；以其耕作也賞之，而少其家業也；以其不收也外之，而高其輕世也，以其犯禁也罪之，而多其有勇也。」（五蠹）

這些工整的句法，不是寫作能力極高的人，不易作到。除了增加文章的韻味和力量外，這種工整的句法，還有考據上的貢獻。例如：第五組所引主道篇文字，「有行而不以賢」一句，王先慎認爲應當作「有賢而不以行」，其所持理由就是：「與有智而不以慮，有勇而不以怒，文法一律。下文去智，去賢、去勇，不作去行，是其證。」（主道篇注）

第五節　逼人的霸氣

由於前述幾項特點，使人對韓非的文章，時常感覺有一股逼人的霸氣躍然紙上，由字裏行間，可以感覺出一個呼之欲出的有特殊個性的作者。茲以顯學和難舜兩文爲例。

「世之顯學，儒墨也。儒之所至，孔丘也；墨之所至，墨翟也。自孔子之死也，有子張之儒，有子思之儒，有顏氏之儒，有孟氏之儒，有漆雕氏之儒，有仲良氏之儒，有孫氏之儒，有樂正氏之儒。自墨子之死也，有相里氏之墨，有相夫氏之墨，有鄧陵氏之墨。

「故孔墨之後，儒分為八，墨離為三。取舍相反不同，而皆自謂真孔墨，孔墨不可復生，將誰使定後世之學乎？孔子、墨子俱道堯舜，而取舍不同，皆自謂真堯舜，堯舜不復生，將誰使定儒墨之誠乎？

「殷周七百餘歲，虞夏二千餘歲，而不能定儒墨之真，今乃欲審堯舜之道於三千歲之前，意者其不可必乎！無參驗而必之者，愚也；弗能必而據之者，誣也。故明據先生必定堯舜者，非愚則誣也。愚誣之學，雜反之行，明主弗受也。……」（顯學）

第一段敍述儒墨兩家，在當時分歧的派別。第二段就當時儒墨各派都自稱代表眞正的孔子、墨子一事，加以批評。孔子、墨子都只有一個，却生出那麼多的眞孔墨已令人懷疑，再加上各派之間取舍不同，自我標榜，就更難以辨別何者是眞？何者是假？以儒墨之徒的取舍不同，來攻擊他們的自我標榜，這是很厲害的一招。儒墨之至是孔子、墨子，唯有打倒孔子、墨子才是眞正勝利，韓非用同一方法，以孔墨的不同，追本溯源的攻擊他們並不見得代表眞堯舜。誰能來證明這一切呢？只有堯舜，可惜堯舜已死三千年之久。既無法證明，當事人雙方又各執一辭，第三者只有抱存疑的態度了，而一個明君又那能用無法證實的學術呢？這是根本上的攻擊儒墨，否定了他們的學術傳統。文字上層層的推論，咄咄逼人的氣勢，令人感覺無懈可擊，無言以對。

「歷山之農者侵畔，舜往耕焉，朞年甽畝正；河濱之漁者爭坻，舜往漁焉，朞年而讓長；東夷之陶者器苦窳，舜往陶焉，朞年而器牢。仲尼歎曰：『耕漁與陶，非舜官也，而舜往為之者，所以救敗也，舜其信仁乎。乃躬藉處苦而民從之，故曰：聖人之德化乎。』「或問儒者曰：『方此時也，堯安在？』其人曰：『堯為天子。』然則仲尼之聖堯奈何？聖人明察在上位，將使天下無姦也。今耕漁不爭，陶器不窳，舜又何德而化？舜之救敗也，則是堯有失也。賢舜則去堯之明察，聖堯則去舜之德化，不可兩得也。楚人有鬻楯與矛者，譽之曰：『吾楯之堅，物莫能陷也。』又譽其矛曰：『吾矛之利，於物無不陷也。』或曰：『以子之矛陷子之楯何如？』其人弗能應也。夫不可陷之楯，與無不陷之矛，不可同世而立。今堯舜之不可兩譽，矛楯之說也。……」（難一）

第一段敍述舜躬親以德化民的事，和孔子的讚美之辭。此事的是否確有姑置不論，現在就文論文。第二段韓非首先提出一個問題：舜在以德化民的時候，堯在作甚麼？儒家學者的答覆必然是：堯正作天子。這是事實。韓非馬上反問：孔子為甚麼又說堯是聖人呢？第一個假設：如果眞是聖人在上位，以他的德去化民，天下應該無姦，既無姦，又何必舜去德化以救天下之敗？第二個假設：天下眞有姦，舜確是去一一德化了。那在上位的堯，顯然化民的德有缺陷，又那裏配稱之為聖人呢？總而言之，堯舜同時，既發生了侵畔、爭坻、器窳的事，就必須有一個人不配作聖人。而誰認為堯舜都是聖人的話，誰就犯了自相矛楯的毛病。韓非在下文更批評舜不知道用術治天下，不知道用庸主也覺得容易做到的法治，所以舜也算不上是聖人。

韓非文字的犀利，議論的明快，可見一斑。那一股逼人的霸氣，令讀者卽使心不謂然，但在言辭或文字上也無法可解。這種文字上逼人的氣勢，又是他極大的特點。

結　語

在許多文體中，散文因爲不受太多的拘束，而且可以儘量發表自己心裏想說的話，所以在應用上最爲方便，亦最普遍。散文在形式上，可長可短；在趣味上，亦莊亦諧；在內容上更是無所不包，無所不容。嚴肅的像哲學、政治、教育、經濟、社會、宗教之類，輕鬆的像藝術、傳記、遊記、日記等等，都可以用散文來寫作。由於各種內容的不同，散文可以成爲議論體，可以成爲敍述體，可以成爲描寫體，更可以成爲抒情體。只要在寫作技巧上相當藝術，都是文學作品。

後代有「乃知文者以明道」（柳宗元答韋中立論師道書）、「文者，貫道之器也」（李漢韓昌黎先生集序）、「文，所以載道也」（周敦頤通書）等觀念的提出。儘管唐宋「文以載道」的「道」，不同於韓非的「道」，但是他們的觀念是和韓非一致的，就是把文章視爲傳播自己所謂「道」的一種工具，而作文章的目的，也就在傳播自己所謂的「道」。當然在這一嚴肅的主題和要求下，文章中只有豐富的思想，而無洋溢的感情，這是此類文章的一大特點，也是讀韓非文章必須瞭解的。

韓非的文章內容已如前述，而形式上則有長有短，趣味上有莊有諧。而主道、揚權兩篇，更是有韻的文字，以韻文的體裁，寫嚴肅的內容，在作法上尤其突出。

第八篇　韓非文章欣賞略例

本篇是就韓非子一書，舉出其精彩文章數篇，說明其布局結構、文章作法。這是韓非文章最突出處，也是最堪學習處。所選文章，更兼顧能代表其思想者。至於遣詞造句諸般小節，讀者仔細推敲自然可得，不待費詞。

第一章　定法篇、問辯篇（附錄）

定法篇

「問者曰：申不害、公孫鞅，此二家之言孰急於國？

應之曰：是不可程也。人不食十日則死；大寒之隆不衣亦死；謂之衣食孰急於人？則是不可一無，皆養生之具也。今申不害言術，而公孫鞅為法。術者，因任而授官，循名而責實，操殺生之柄，課羣臣之能者也。此人主之所執也。法者，憲令著於官府，刑罰必於民心，賞存乎慎法，而罰

加乎姦令者也。此臣之所師也。君無術則弊於上，臣無法則亂於下，此不可一無，皆帝王之具也。（以上第一大段）

「問者曰：徒術而無法，徒法而無術，其不可何哉？

對曰：申不害，韓昭侯之佐也。韓者，晉之別國也。晉之故法未息，而韓之新法又生；先君之令未收，而後君之令又下。申不害不擅其法，不一其憲令，則姦多。故利在故法前令，則道之；利在新法後令，則道之。利在故新相反，（盧文弨曰：利在二字衍。）前後相悖，則申不害雖十使昭侯用術，而姦臣猶有所譎其辭矣。故託萬乘之勁韓，七十年而不至於霸王者，（顧廣圻曰：七十當作十七。）雖用術於上，法不勤飾於官之患也。（以上第一小段）公孫鞅之治秦也，設告相坐而責其實，（王先慎曰：相字後人所加。）連什伍而同其罪，賞厚而信，刑重而必，是以其民用力勞而不休，逐敵危而不却，故其國富而兵強。然而無術以知姦，則以其富強也，資人臣而已矣。及孝公、商君死，惠王即位，秦法未敗也，而張儀以秦殉韓魏。惠王死，武王即位，甘茂以秦殉周。武王死，昭襄王即位，穰侯越韓魏而東攻齊，五年而秦不益一尺之地，乃成其陶邑之封；應侯攻韓八年，成其汝南之封。自是以來，諸用秦者，皆應穰之類也。故戰勝則大臣尊，益地則私封立，主無術以知姦也。商君雖十飾其法，人臣反用其資。故乘強秦之資，數十年而不至於帝王者，法不勤飾於官，（顧廣圻曰：不當作雖。）主無術於上之患也。（以上第二小段）（以上第二大段）

「問者曰：主用申子之術，而官行商君之法，可乎？

對曰：申子未盡於法也，（顧廣圻曰：當云：申子未盡於術，商君未盡於法也。脫去六字。）申子言：『治不踰官，雖知弗言。』治不踰官，謂之守職也可，（顧廣圻曰：也可作可也。）知而弗言，是謂過也。人主以一國目視，故視莫明焉；以一國耳聽，故聽莫聰焉。今知而弗言，則人主尚安假借矣。（王先慎曰：矣當作乎。）（以上第一小段）商君之法曰：『斬一首者爵一級，欲為官者為五十石之官，斬二首者爵二級，欲為官者為百石之官。』官爵之遷，與斬首之功相稱也。今有法曰：『斬首者令為醫匠。』則屋不成而病不已。夫匠者，手巧也；而醫者，齊藥也。而以斬首之功為之，則不當其能。今治官者，智能也；今斬首者，勇力之所加也。以勇力之所加而治智能之官，是以斬首之功為醫匠也。故曰：二子之於法術，皆未盡善也。（以上第二小段）

（以上第三大段）」

段落大意：

本篇第一大段，以衣食爲人類不可一日缺少的養生之具，比喻法術爲治國不可一日缺少的帝王之具。並對法術的意義，作簡要的說明。

第二大段，接第一大段舉例說明爲甚麼法術二者不可一無。第一小段以申不害治韓失敗，說明有術而無法的弊病。第二小段以公孫鞅治秦效果不顯著，舉例說明有法而無術的後果。

第三大段，法術應該並用的道理已無可疑，再進而評論申不害、公孫鞅所專長的術和法，本身仍有缺點，需要改進。第一小段論申不害用術未盡，第二小段，以醫匠爲比喻，論公孫鞅以斬首之勇賜爵授官的不當。

作法說明：

本篇假藉他人的問題，利用自己的答覆，闡明所要論述的主旨。發問者不必眞有其人，不過借他人之口，說自己的話，同時將讀者心中的問題也表明出來。讀者一見所問，正是心中所想，心有戚戚焉之餘，必迫不急待的想看下文。一問一答，步步逼問，層層解說，直到問無可問，答無可答時，文章自然結束。

這個作法的優點是：問答之間不但不覺枯燥，反而更顯精神。此其一。作者主觀申論，常容易給人偏袒一面的道理和徒逞口舌之利的感覺；而一問一答之間，則令人耳目一新，反覆詰難之際，有眞理愈辨愈明的效果。此其二。此外，問辯篇也是用這種問答法寫的，見本章末附錄。

定法篇的主旨，是：法術不可一無，都是帝王之具。把這二者的重要性說出之外，還應該將二者相互關係交待明白，這才能使二者共同成爲帝王之具。如何兼顧？韓非用並論的方法，把法術二者，放在對等的地位上，論述他們的重要性，同時也說明了彼此的關係。第二大段，第一小段以申不害爲例，論徒術而無法的不可，固然闡明了法的重要，也暗示了術的地位；第二小段以公孫鞅爲例，論徒法而無術的不當，也在强調了術的重要之外，暗示了法的不可少。在這種作法下，法術的重要性分別說明了，而互相幫襯的結果，二者的關係也瞭然了。而全篇推理的層次分明，結構的嚴緊照應，也呈現出來。

錢基博氏論並論法的話，可以參考。他說：

「並論法則祇限兩事。條議法之列舉，每事成章；而並論法，多錯互見意；此其異也。獨是並論之法，又自有別：有並論而事無偏重者，有並論而意有側注者。……相題裁篇，惟其當爾。」（模範文選卷下並論法）

附錄：

問辯篇

「或問曰：辯安生乎？

「對曰：生於上之不明也。

「問者曰：上之不明，因生辯也，何哉？

「對曰：明主之國，令者言最貴者也，法者事最適者也。言無二貴，法不兩適。故言行而不軌於法令者，必禁。若其無法令，而可以接詐應變、生利揣事者，上必采其言而責其實。言當則有大利，不當則有重罪，是以愚者畏罪而不敢言，智者無以訟，（王先慎曰：訟讀為誦。）此所以無辯之故也。

「亂世則不然，主上有令，而民以文學非之；官府有法，民以私行矯之，（王先慎曰：民上當有而字。）人主顧漸其法令，而尊學者之智行，此世之所以多文學也。夫言行者，以功用為之的彀者也，夫砥礪殺矢，而以妄發，其端未嘗不中秋毫也，然而不可謂善射者，無常儀的也。設五寸之的，引十步之遠，（王先愼曰：十步當作百步。）非羿、逢蒙不能必中者，有常也。（王先愼曰：常下脫儀的二字。）故有常則羿、逢蒙以五寸的為巧，無常則以妄發之中秋毫為拙。今聽言觀行，不以功用為之的彀，言雖至察，行雖至堅，則妄發之說也。是以亂世之聽言也，以難知為察，以博文為辯；其觀行也，以離羣為賢，以犯上為抗。人主者，說辯察之言，尊賢抗之行，故夫作法術之人，立取舍之行，別辭爭之論，而莫為之正。是以儒服帶劍者衆，而耕戰之士寡，堅白無厚之詞章，而憲令之法息。故曰：上不明則辯生焉。」

第一個問題的答案，就是全文主旨所在。再藉第二個問題作答的機會，加以申論。申論又分兩部分，先正面論行法治求功實，就可以無辯；再反面談亂世國君不行法治，以致對臣下的言行，無從取捨，因而弊端叢生。最後一句再歸結在主旨：「上不明則辯生」上面，以呼應前文。

第二章　二柄篇、安危篇（節錄）、功名篇（節錄）

二柄篇

「明主之所導制其臣者，二柄而已矣。二柄者，刑德也。何謂刑德？曰：殺戮之謂刑，慶賞之謂德。為人臣者，畏誅罰而利慶賞。故人主自用其刑德，則羣臣畏其威而歸其利矣。（以上第一小段）故世之姦臣則不然，所惡則能得之其主而罪之，所愛則能得之其主而賞之。今人主非使賞罰之威利出於己也，聽其臣而行其賞罰，則一國之人，皆畏其臣而易其君，歸其臣而去其君矣。此人主失刑德之患也。夫虎之所以能服狗者，爪牙也，使虎釋其爪牙，而使狗用之，則虎反服於狗矣。人主者，以刑德制臣者也，今君人者釋其刑德，而使臣用之，則君反制於臣矣。（以上第二小段）故田常上請爵祿而行之羣臣，下大斗斛而施於百姓，此簡公失德而田常用之也，故簡公見弒。子罕謂宋君曰：『夫慶賞賜予者，民之所喜也，君自行之；殺戮刑罰者，民之所惡也，臣請當之。』於是宋君失刑而子罕用之，故宋君見劫。田常徒用德，而簡公弒，子罕徒用刑，而宋君劫。故今世為人臣者，兼刑德而用之，則是世主之危，甚於簡公宋君也。故劫殺擁蔽之主，（顧廣圻曰：擁當作壅。）非失刑德而使臣用之，（按：依上文非當是兼字。）而不危亡者，則未嘗有

也。（以上第三小段）（以上第一大段）

「人主將欲禁姦，則審合刑名者，（張榜云：刑當作形。）言與事也。為人臣者陳而言，（顧廣圻曰：而當作其。）君以其言授之事，專以其事責其功。功當其事，事當其言，則賞；功不當其事，事不當其言，則罰。故羣臣其言大而功小者，則罰，非罰小功也，罰功不當名也；羣臣其言小而功大者，亦罰，非不說於大功也，以為不當名也，害甚於有大功，故罰。（以上第一小段）

昔者韓昭侯醉而寢，典冠者見君之寒也，故加衣於君之上，覺寢而說，問左右曰：『誰加衣者？』左右答曰：『典冠。』君因兼罪典衣，殺典冠。其罪典衣，以為失其事也；其罪典冠，以為越其職也。非不惡寒也，以為侵官之害甚於寒。故明主之畜臣，臣不得越官而有功，不得陳言而不當，越官則死，不當則罪。守業其官，所言者貞也。則羣臣不得朋黨相為矣。（以上第二小段）

（以上第二大段）

「人主有二患：任賢，則臣將乘於賢以劫其君；妄舉，則事沮不勝。故人主好賢，則羣臣飾行以要君欲，則是羣臣之情不效，羣臣之情不效，則人主無以異其臣矣。故越王好勇，而民多輕死；楚靈王好細腰，而國中多餓人，齊桓公妬而好內，故豎刁自宮以治內；桓公好味，易牙蒸其子首而進之；燕子噲好賢，故子之明不受國。故君見惡則羣臣匿端，君見好則羣臣誣能，人主欲見，（俞樾曰：當作見欲。）則羣臣之情態得其資矣。故子之，託於賢以奪其君者也，豎刁、易牙，因君之欲以侵其君者也，其卒，子噲以亂死，桓公蟲流出戶而不葬。此其故何也？人君以情借臣之患也。人臣之情，非必能愛其君也，為重利之故也。今人主不掩其情，不匿其端，而使人臣有緣以侵其主，則羣臣為子之、田常不難矣。故曰：去好去惡，羣臣見素，羣臣見素，則大君不蔽矣。（以上第三大段）」

段落大意：

第一大段，第一小段點明題意，二柄卽刑德，臣下利賞畏罰，國君自用刑德乃能服臣，所以是國君導制臣下的「柄」。第二小段，姦臣亟欲得此二柄，國君失刑德則爲臣下所制，以虎伏狗作比喻，虎之爪牙卽君之二柄。第三小段，舉國君失德見弒和失刑被劫的例子，說明二柄失一不可，若二柄都失，必亡。

第二大段，闡述禁姦的方法。第一小段提出循名責實，言和事相參驗的方法。第二小段以韓昭侯的事爲例，說明以制裁越職侵官，作爲禁姦的方法。

第三大段，舉例說明國君要察知臣下實情、要防臣下因情劫君，都需要用術。用術則在於國君去好惡，掩情匿端以防臣下因緣而侵上。

作法說明：

用開門見山的方式破題，點明題旨在刑德二柄。接着用一反問句，將讀者心中問題說出：「何謂刑德？」不加任何承轉文字，直接引申說明刑德的意義，簡單而明白。韓非此時省略一個問題：「何以謂之柄？」而直接作答：「人主自用其刑德，則羣臣畏其威而歸其利。」有如此大用，所以是導制臣下的一種柄。

這種開門見山闡明題旨，再繼以申論的作法，在韓非文章中屢見不鮮，玆再以安危、功名兩篇為例：

安危篇（節錄）

「安術有七，危道有六。

「安術：一曰：賞罰隨是非。二曰：禍福隨善惡。三曰：死生隨法度。四曰：有賢不肖而無愛惡。五曰：有愚智而無非譽。（王先慎曰：非讀為誹。）六曰：有尺寸而無意度。七曰：有信而無詐。

「危道：一曰：斲削於繩之內。二曰：斲割於法之外。（王先慎曰：法疑作繩。）三曰：利人之所害。四曰：樂人之所禍。五曰：危人之所安。六曰：所愛不親，所惡不疏。如此則人失其所以樂生，而忘其所以重死。人不樂生，則人主不尊；不重死，則令不行也。……」

功名篇（節錄）

「明君之所以立功成名者四：一曰天時；二曰人心；三曰技能；四曰：勢位。

「非天時，雖十堯不能冬生一穗；逆人心，雖賁育不能盡人力；故得天時則不務而自生，得人心則不趣而自勸。因技能，則不急而自疾；得勢位，則不進而名成。若水之流，若船之浮，守自然之道，行毋窮之令，故曰明主。……」

安危和功名兩篇題目的意義，在文章一開始就點明。再緊接以最簡單扼要的詮釋。至於其詳，就待讀者繼續看下文。

至於開門見山破題以後的申論，安危篇是混合一起說，功名篇則側重勢位一方面說，而二柄篇則是顧全題目，分兩方面並排說。失二柄之患，舉例則一個說失刑，一個說失德；論禁姦方法，則一個行法治（第二大段），一個行術治（第三大段）。能行法用術，能掌握刑德，就是明主，就能導制臣下。

第三章　難勢篇

難勢篇

「愼子曰：『飛龍乘雲，騰蛇遊霧。雲罷霧霽，而龍蛇與螾蟻同矣，則失其所乘也。賢人而詘於不肖者，則權輕位卑也；不肖而能服於賢者，（按：於字不當有。）則權重位尊也。堯為匹夫，不能治三人；而桀為天子，能亂天下，吾以此知勢位之足恃，而賢智之不足慕也。夫弩弱而矢高者，激於風也，身不肖而令行者，得助於衆也。堯教於隸屬，而民不聽，至於南面而王天下，令則行，禁則止。由此觀之，賢智未足以服衆，而勢位足以缶賢者也。（俞樾曰：缶乃詘字之誤）

（以上第一大段）

「應愼子曰：飛龍乘雲，騰蛇遊霧，吾不以龍蛇為不託於雲霧之勢也。雖然，夫釋賢而專任勢，足以為治乎？則吾未得見也。（以上第一小段）夫有雲霧之勢而能乘遊之者，龍蛇之材美之也。（王先謙曰：下之字衍。） 今雲盛而螾弗能乘也，霧醲而螘不能遊也，夫有盛雲醲霧之勢而不能乘遊者，螾螘之材薄也。今桀紂南面而王天下，以天子之威為之雲霧，而天下不免乎大亂者，桀紂之材薄也。且其人以堯之勢，以治天下也，其勢何以異桀之勢也亂天下者也？（顧廣圻曰：上也字當作以。）夫勢者，非能必使賢者用已，而不肖者不用已也，（俞樾曰：兩已字當作己。）賢者用之則天下治，不肖者用之則天下亂。人之情性賢者寡而不肖者衆，而以威勢之利濟亂世之不肖人，則是以勢亂天下者多矣，以勢治天下者寡矣。（以上第二小段）夫勢者，便治而利亂者也。故周書曰：『毋為虎傅翼，將飛入邑，擇人而食之。』夫乘不肖人於勢，是為虎傅翼也。桀紂為高臺深池以盡民力，為炮烙以傷民性，桀紂得乘四行者，（王先慎曰：乘下脫勢字，四當作肆。）南面之威為之翼也，使桀紂為匹夫，未始行一而身在刑戮矣。勢者，養虎狼之心，而成暴亂之事者也，此天下之大患也。勢之於治亂，本末有位也，（顧廣圻曰：末當作未。）而語專言勢之足以治天下者，則其智之所至者淺矣。（以上第三小段）夫良馬固車，使臧獲御之，則為人笑；王良御之，而日取千里。車馬非異也，或至乎千里，或為人笑，則巧拙相去遠矣。今以國位為車，（王先慎曰：羣書治要無位字。）以勢為馬，以號令為轡，（王先慎曰：治要轡下有銜字。）以刑罰為鞭筴，使堯舜御之，則天下治，桀紂御之，則天下亂，則賢不肖相去遠矣。夫欲追速致遠，不知任王良，欲進利除害，不知任賢能，此則不知類之患也。夫堯舜亦治民之王良也。

（以上第四小段）（以上第二大段）

「復應之曰：其人以勢為足恃以治官，客曰：必待賢乃治，則不然矣。夫勢者，名一而變無數者也。勢必於自然，則無為言於勢矣。吾所為言勢者，言人之所設也。（以上第一小段）今曰堯舜得勢而治，桀紂得勢而亂，吾非以堯舜為不然也。雖然，非一人之所得設也。（太田方曰：一字當行。）夫堯舜生而在上位，雖有十桀紂不能亂者，則勢治也；桀紂亦生而在上位，雖有十堯舜而亦不能治者，則勢亂也。故曰：勢治者則不可亂，而勢亂者則不可治也。此自然之勢也，非人之所得設也。若吾所言，謂人之所得設也，若吾所言，謂人之所得勢也而已矣，（按：若吾所言，謂人之所得勢也十一字當刪，而已矣三字連上讀。）賢何事焉。（以上第二小段）何以明其然也？客曰：『人有鬻矛與楯者，譽其楯之堅，物莫能陷也，俄而又譽其矛曰：吾矛之利，物無不陷也。人應之曰：以子之矛，陷子之楯，何如？其人弗能應也。』以為不可陷之楯，與無不陷之矛，為名不可兩立也。夫賢之為勢不可禁，而勢之為道也無不禁，以不可禁之勢，（顧廣圻曰：當云：以不可禁之賢與無不禁之勢。）此矛楯之說也。夫賢勢之不相容亦明矣。（以上第三小段）且夫堯舜桀紂千世而一出，是比肩隨踵而生也。世之治者不絕於中，吾所以為言勢者中也。中者上不及堯舜，而下亦不為桀紂。抱法處勢則治，背法去勢則亂。今廢勢背法而待堯舜，堯舜至乃治，是千世亂而一治也；抱法處勢而待桀紂，桀紂至乃亂，是千世治而一亂也。且夫治千而亂一，與治一而亂千也，是猶乘驥駬而分馳也，相去亦遠矣。夫棄隱括之法，去度量之數，使奚仲為車，不能成一輪；無慶賞之勸，刑罰之威，釋勢委法，堯舜戶說而人辯之，不能治三家；夫勢之足用亦明矣。而曰必待賢，則亦不然矣。且夫百日不食以待粱肉，餓者不活；今待堯舜之賢，乃治當世之民，是猶待粱肉而救餓之說也。（以上第四小段）夫曰：良馬固車，臧獲御之，則為人笑，王良御之，則日取乎千里，吾不以為然。夫待越人之善海游者，（盧文弨曰：海字疑衍。

）以救中國之溺人，越人善游矣，而溺者不濟矣。夫待古之王良以馭今之馬，亦猶越人救溺之說也，不可亦明矣。夫良馬固車，五十里而一置，使中手御之，追速致遠可以及也，而千里可日致也，何必待古之王良乎？且御非使王良也，則必使臧獲敗之，治非使堯舜也，則必使桀紂亂之，此味非飴蜜也，必苦菜亭歷也，此則積辯累辭，離理失術，兩未之議也，（盧文弨曰：未張凌本作末。）奚可以難夫道理之言乎哉？客議未及此論也。（以上第五小段）（以上第三大段）」

段落大意：

第一大段，引用愼子一段重勢的文字，作論述的主題。愼子是主張勢位足恃，可以屈賢的學者，以他的觀點來講，賢智的力量不如勢位，所以只要有勢，不必有賢智。這是和儒、墨尚賢崇聖的看法相對立的學說。

第二大段，站在儒家立場反駁愼子。第一小段，先表明立場，承認勢的必要，但對否定賢智而專任勢，則表反對。第二小段，說明勢的本身是「非能必使賢者用己，而不肖者不用己」的一種東西，所以得勢者本身的賢智與否，直接影響到結果。第三小段，舉例說明勢可以便治，更可以利亂，因此講勢就不能不跟着講賢智。第四小段，以駕車作比喻。說明同樣的車馬，不同的人駕，其結果相去千里，比喻賢智的人得勢和殘暴的人得勢，其結果相去更不可以道里計。總之，這一大段，旨在闡明賢智對勢的重要性。

第三大段，仍以法家立場，强調重勢的必要，否定賢智的必不可少。第一小段，提出勢有自然和人設的不同的新觀點，認爲愼子和儒家所爭的都是自然之勢，而作者則主張人設之勢。第二小段，說明自然之勢，是先天造成，無可更改，只有看運氣看天意，所以無從去爭執孰是孰非，即使爭也不會有結果。第三小段，以矛楯不能並存比喻賢智和勢位在本質上的對立，無可改變。第四小段，提出抱法處勢的人設之勢的觀點，爲中主設謀，爲千世治設想。第五小段，反駁第二大段第四小段的比喻，認爲賢和勢的爭議是各走極端，不如人設之勢所設想的能注意到事實的普遍性。

作法說明：

作文章通常是開始不易下筆，千頭萬緒，不知從何起頭，第一章介紹的設問法和第二章介紹的開門見山法，都很實用。本篇則是引用他人話題，作自己文章起頭的方法，當自己的一種想法是因爲受他人影響而引起時，這種作法很可用，不論是反駁，引申或補充都相當適合。本篇就是一個典型的例子。

愼到是在韓非以前，重視國君勢位的一位法家先驅，韓非的重勢學說，就是以愼到的思想爲基礎，再向前引申發揮而成。那又爲甚麼要「難」這個勢呢？表面上是責難愼到的勢治，實質上是以批評儒家賢人政治爲主，不過韓非對勢治的補充發揮，也可以視爲對愼到的一種批評。勢位和賢智的爭執，是因爲愼到主張勢位足以籠罩一切，因而極力反對賢智所引起，那麼以愼到引起爭執的一段文字作開頭，再合適不過。

第一大段作者客觀的引述愼子的主張，第二大段，則以儒家學者的口吻提出反駁。反駁的焦點在

「勢」本身的一些缺陷所招致的不良後果上。勢的缺陷有二：一、「非必能使賢者用己，而不肖者不用己」，即勢自己無選擇能力。二、「利亂」，即是「養虎狼之心，而成暴亂之事」。由於這兩項先天的不足，使勢一旦落入壞人之手，不但不能便於治，反而助長暴亂，造成更大的禍害，桀紂就是典型的例子。再由於堯舜得勢，治天下如此的好，所以儒家者流就主張讓賢智的人得勢，並舉出善御和不善御的事作比喻。在此情形下，以愼子所說的「勢」，而想要否定賢智，是不可能的。

第三大段，韓非發表了他的創見，彌補了愼子的缺陷，駁難了賢智的必要。韓非先在本質上，確認愼到所說和儒家所爭的「勢」，是人力不能左右的「自然之勢」，即使再爭論，也不能影響生而有勢的那些國君的作爲，與其無謂的爭下去，不如賦予勢一個新意義，賦予勢一個人力可以左右的內涵，那就是「人設之勢」。人設之勢的好處是照顧到了普遍性的原則，世上天生的聖君少，天生的亂主也不多，多的是可好可壞的中主，人設之勢就對中主而設，以求長治久安爲目標。所以韓非在最後，把儒家之流責難愼子的比喻再搬出來用，罵儒者以爲天下國君不是堯舜就是桀紂的觀點，是走極端的兩末之議。這就是以子之矛陷子之楯。

本文後段駁難前段，一段比一段深入，層層推論，而最後呈現在讀者眼前的則是作者的創見，這是標準的「難」。

第四章　難　篇（選錄）

難一篇

「晉文公將與楚人戰，召舅犯問之曰：『吾將與楚人戰，彼衆我寡，為之奈何？』舅犯曰：『臣聞之：繁禮君子，不厭忠信；戰陣之閒，不厭詐僞。君其詐之而已矣。』文公辭舅犯。因召雍季而問之曰：『我將與楚人戰，彼衆我寡，為之奈何？』雍季對曰：『焚林而田，偷取多獸，後必無獸；以詐遇民，偷取一時，後必無復。』文公曰：『善。』辭雍季。以舅犯之謀與楚人戰以敗之。歸而行爵，先雍季而後舅犯。羣臣曰：『城濮之事，舅犯謀也，夫用其言而後其身，可乎？』文公曰：『此非君所知也。（顧廣圻曰：君當作若。）夫舅犯言一時之權也，雍季言萬世之利也。』仲尼聞之曰：『文公之霸也宜哉！旣知一時之權，又知萬世之利。』（以上第一大段）

「或曰：雍季之對，不當文公之問。凡對問者有因，因小大緩急而對也，所問高大而對以卑狹，則明主弗受也。今文公問以少遇衆，而對曰後必無復，此非所以應也。（以上第一小段）且文公不知一時之權，又不知萬世之利。戰而勝，則國安而身定，兵強而威立，雖有後復，莫大於此，萬世之利，奚患不至？戰而不勝，則國亡兵弱，身死名息，拔拂今日之死不及，（顧廣圻曰：拔拂同字，或當行其一也。）安暇待萬世之利？待萬世之利，在今日之勝，今日之勝，在詐於敵，（王先慎曰：當作於詐。）詐敵，萬世之利也。故曰：雍季之對，不當文公之問。（以上第二小段）且文公又不知舅犯之言，舅犯所謂不厭詐偽者，不謂詐其民，謂詐其敵也。敵者，所伐之國也，後雖無復，何傷哉？（以上第三小段）文公之所以先雍季者，以其功耶？則所以勝楚破軍者，舅犯之謀也；以其善言耶？則雍季乃道其後之無復也，此未有善言也。（以上第四小段）舅犯則以兼之矣。舅犯曰：繁禮君子，不厭忠信者，忠所以愛其下也，信所以不欺其民也，夫既以愛而不欺矣，言孰善於此。然必曰出於詐偽者，軍旅之計也。舅犯前有善言，後有戰勝，故舅犯有二功而後論，雍季無一馬而先賞，『文公之霸也，不亦宜乎。』仲尼不知善賞也。（以上第五小段）（以上第二大段）」

段落大意：

第一大段敍事，先敍城濮大戰前夕，晋文公問計於舅犯和雍季，再敍戰後論功行賞的情形，末附仲尼的讚語。

第二大段議論，第一小段論雍季答非所問。第二小段批評晋文公既不知一時之權，也不知萬世之利。第三小段批評晋文公不懂舅犯所說的話。第四小段論晋文公行賞先雍季的不當。第五小段論舅犯當先賞而後賞，仲尼却讚美晉文公，是仲尼不知善賞。

作法說明：

難的篇幅很多，分爲四篇，作法都是先敍事而後議論。這種作法，敍事文可以用，議論文也可以用。韓非在敍完一事之後，繼之以議論，有時就事論事，有時就事論人，而可貴於能在批評之外，發抒己見，以更好的道理壓倒別人。（參閱第七篇第二章第二節）

本篇的批評在第二大段，第一小段先根據答問的原則，論定雍季答非所問，答案不對題，即使是萬世之利也無用。這是第一層的否定雍季的功勞。第二小段就事論事，斷定雍季所說的內容並不是萬世之利，這是第二層的否定雍季的功勞。同時由晉文公的讚賞雍季，認爲晉文公是既不知一時之權，也不知萬世之利的人，那仲尼對晉文公的讚美也就顯有不當了。第三小段，批評晉文公不懂舅犯所言，舅犯答的對題，可惜晉文公不知，爲舅犯有功而無賞作伏筆。但是據韓非第一大段所敍，晉文公用了舅犯的計謀，看來晉文公並非不懂，而是不願背上罵名，無怪孔子要批評晉文公「譎而不正」（論語憲問）。第四小段由立功和善言兩方面論定雍季不該得賞。第五小段，則在否定雍季之後，確定舅犯在言事和立功方面都有實際的貢獻，舅犯才是該先賞而且重賞的人。在這種情形下，仲尼還讚美晉文公錯誤的作法，可見仲尼是個不知善賞的人。

短短的五小段，否定了雍季的話，也就是否定了晉文公的作法，更批評了仲尼的讚美。而另一方面則確立了舅犯在言辭上、在事業上的功勞，同時韓非自己的觀點也在肯定舅犯中表現出來。反覆辨難的作法，此篇展現無遺。而敍事時，由羣臣的口中，道出是城濮之戰，補敍得好。

難一篇

「襄子圍於晉陽中，出圍，賞有功者五人，高赫為賞首。張孟談曰：『晉陽之事，赫無大功，今為賞首，何也？』襄子曰：『晉陽之事，寡人國家危、社稷殆矣。吾羣臣無有不驕侮之意者，惟赫不失君臣之禮，是以先之。』仲尼聞之曰：『善賞哉！襄子賞一人，而天下為人臣者，莫敢失禮矣。』（以上第一大段）

「或曰：仲尼不知善賞矣。夫善賞罰者，百官不敢侵職，羣臣不敢失禮，上設其法，而下無姦詐之心，如此，則可謂善賞罰矣。（以上第一小段）使襄子於晉陽也，令不行、禁不止，是襄子無國，晉陽無君也，尚誰與守哉！今襄子於晉陽也，知氏灌之，臼竈生鼃，而民無反心，是君臣親也。襄子有君臣親之澤，操令行禁止之法，而猶有驕侮之臣，是襄子失罰也。為人臣者，乘事而有功則賞，今赫僅不驕侮而襄子賞之，是失賞也。（以上第二小段）明主賞不加於無功，罰不加於無罪，今襄子不誅驕侮之臣，而賞無功之赫，安在襄子之善賞也。故曰：仲尼不知善賞。（以上第三小段）（以上第二大段）」

段落大意：

第一大段敘事，敘趙襄子自晉陽出圍後，因爲高赫在國家危難之際，仍能謹守君臣之禮而加以重賞。仲尼對之大加讚美。

第二大段，第一小段先確立作者評論的標準，說明甚麼才是眞正的善賞罰。根據這一論點，開門見山的批評仲尼。第二小段就襄子在圍城中的情形，批評襄子有賞罰之權而失賞失罰。第三小段，再立一論點，據以論定襄子不善賞罰，而仲尼讚美他是不對的。

作法說明：

晉國六卿爭權，知氏挾持韓、魏而攻趙，趙襄子被圍於晉陽城數年之久，情勢危如累卵，在趙襄子不得志的時候，高赫仍能在羣臣驕侮的環境中，謹守臣子本分，確屬難能而可貴，無怪襄子第一個賞他。而仲尼認爲這有一種示範作用，於是大加讚美。這一切原本在普通情理之中，並無不當，韓非偏偏生出許多議論。

批評別人不能胡加謾罵，必須有一根據，就是憑甚麼罵人。韓非在一開始就以自己的觀點，建立了善賞罰的理論，下文就以此爲據，逐步推論。第二大段第二小段，先假設襄子在晉陽圍城中，如果是令不行、禁不止，就等於是沒有國君、沒有法紀，若是沒有國君領導，沒有法紀維持秩序的話，又那能在多年重重圍困下，屹立不倒？事實證明，晉陽不但未降，反而成功了，顯然上面的假設是不對的。既然襄子在晉陽城中，人民還尊他爲國君，奉守他的法令，而且君臣相親。在這種情況下，出現了驕侮之臣，應該立卽處以應得之罪，事實上趙襄子沒有這樣作，所以韓非說他失罰。以正常法治來論，任事有功才能賞，而襄子在能維持正常法治的情形下，却賞了無功的高赫，雖然高赫比其他驕侮之臣本分得多，規矩得多，但那是他原本應該如此的，夠不上賞的條件，襄子賞了，是失賞。總而言之，在保有國君權勢，又能行法治的情形下對驕侮之臣的姑息，對無功之臣的過獎，都是不當。所以襄子並非善賞罰的人，而仲尼讚美他，自然也有不當。

本篇文章不但作者表明了個人對賞罰的觀點，同時據以批評趙襄子和仲尼的作法。在文章結構上極嚴密，在推理上極有力，是很可學的。但是趙襄子與知伯之戰，已近戰國時代，時間上與孔子不能連接，這是一大缺憾。究竟是韓非自己弄錯了時代，還是後人造成的，或另有原因，不得而知。就文論文，韓非批評的再對，也有所攻非人，弄錯對象的遺憾。這給了我們一個警惕，這也是該同時學習到的教訓。

第五章 顯學篇

顯學篇

「世之顯學，儒墨也。儒之所至，孔丘也；墨之所至，墨翟也。自孔子之死也，有子張之儒、有子思之儒、有顏氏之儒、有孟氏之儒、有漆雕氏之儒、有仲良氏之儒、有孫氏之儒、有樂正氏之儒。自墨子之死也，有相里氏之墨、有相夫氏之墨、有鄧陵氏之墨。（以上第一段）

「故孔墨之後，儒分為八，墨離為三，取舍相反不同，而皆自謂真孔墨，孔墨不可復生，將誰使定後世之學乎？孔子墨子，俱道堯舜，而取舍不同，皆自謂真堯舜，堯舜不復生，將誰使定儒墨之誠乎？殷周七百餘歲，虞夏二千餘歲，而不能定儒墨之真，今乃欲審堯舜之道於三千歲之前，意者其不可必乎。無參驗而必之者，愚也；弗能必而據之者，誣也。故明據先王，必定堯舜者，非愚則誣也，愚誣之學，雜反之行，明主弗受也。（以上第二段）

「墨者之葬也，冬日冬服，夏日夏服，桐棺三寸，服喪三月，世主以為儉而禮之；儒者破家而葬，（王先慎曰：他書引有賃子而償四字。）服喪三年，大毀扶杖，世主以為孝而禮之。夫是墨子之儉，將非孔子之侈也；是孔子之孝，將非墨子之戾也；今孝戾侈儉俱在儒墨，而上兼禮之。漆雕之議，不色撓、不目逃，行曲則違於臧獲，行直則怒於諸侯，世主以為廉而禮之；宋榮子之議，設不鬭爭，取不隨仇，不羞囹圄，見侮不辱，世主以為寬而禮之。夫是漆雕之廉，將非宋榮之恕也；是宋榮之寬，將非漆雕之暴也；今寬廉恕暴俱在二子，人主兼而禮之。自愚誣之學、雜反之辭爭，而人主俱聽之，故海內之士，言無定術，行無常議。夫冰炭不同器而久，寒暑不兼時而至，雜反之學不兩立而治。今兼聽雜學、繆行、同異之辭，安得無亂乎？聽行如此，其於治人又必然矣。（以上第三段）

「今世之學士語治者，多曰：『與貧窮地，以實無資。』今夫與人相若也，無豐年旁入之利，而獨以完給者，非力則儉也；與人相若也，無饑饉疾疚禍罪之殃，獨以貧窮者，非侈則惰也；侈而惰者貧，而力而儉者富。今上徵斂於富人，以布施於貧家，是奪力儉而與侈惰也，而欲索民之疾作而節用，不可得也。（以上第四段）

「今有人於此，義不入危城，不處軍旅，不以天下大利易其脛一毛，世主必從而禮之，貴其智而高其行，以為輕物重生之士也。夫上所以陳良田大宅，設爵祿，所以易民死命也。今上尊貴輕物重生之士，而索民之出死而重殉上事，不可得也。（以上第五段）

「藏書策、習談論、聚徒役、服文學而議說，世主必從而禮之，曰：敬賢士，先王之道也。夫吏之所稅，耕者也，而上之所養，學士也。耕者則重稅，學士則多賞，而索民之疾作而少言談，不可得也。（以上第六段）

「立節參民，執操不侵，怨言過於耳，必隨之以劍，世主必從而禮之，以為自好之士。夫斬首之勞不賞，而家鬬之勇尊顯，而索民之疾戰距敵而無私鬬，不可得也。國平則養儒俠，難至則用介士，所養者非所用，所用者非所養，此所以亂也。（以上第七段）

「且人主於聽學也，若是其言，宜布之官而用其身；若非其言，宜去其身而息其端。今以為是也，而弗布於官；以為非也，而不息其端。是而不用，非而不息，亂亡之道也。（以上第八段）

「澹臺子羽，君子之容也，仲尼幾而取之，與處久而行不稱其貌；宰予之辭雅而文也，仲尼幾而取之，與處而智不充其辯，（顧廣圻曰：處下有久字。）故孔子曰：『以容取人乎？失之子羽；以言取人乎？失之宰予。』故以仲尼之智，而有失實之聲。今之新辯，濫乎宰予，而世主之聽，眩乎仲尼。為悅其言，因任其身，則焉得無失乎？是以魏任孟卯之辯，而有華下之患；趙任馬服之辯，而有長平之禍；此二者，任辯之失也。（以上第九段）

「夫視鍛錫而察青黃，區冶不能以必劍，水擊鵠雁，陸斷駒馬，則臧獲不疑鈍利；發齒吻形容，（蒲阪圓曰：一本形上有相字。）伯樂不能以必馬，授車就駕，而觀其末途，則臧獲不疑駑良；觀容服聽辭言，仲尼不能以必士，試之官職，課其功伐，則庸人不疑於愚智。故明主之吏，宰相必起於州部，猛將必發於卒伍。夫有功者必賞，則爵祿厚而愈勸，遷官襲級，則官職大而愈治，夫爵祿大而官職治，王之道也。（以上第十段）

「磐石千里，不可謂富，象人百萬，不可謂強。石非不大，數非不衆也，而不可謂富強者，磐不生粟，（顧廣圻曰：磐下當有石字。）象人不可使距敵也。今商官技藝之士，亦不墾而食，是地不墾，與磐石一貫也。儒俠毋軍勞，顯而榮者，（王先謙曰：顯而當作而顯。）則民不使，與象人同事也。夫禍知磐石象人，（顧廣圻曰：禍知當作知禍。）而不知禍商官儒俠，為不墾之地，不使之民，不知事類者也。（以下第十一段）

「故敵國之君王，雖說吾義，吾弗入貢而臣；關內之侯，雖非吾行，吾必使執禽而朝。是故力多則人朝，力寡則朝於人，故明君務力。夫嚴家無悍虜，而慈母有敗子，吾以此知威勢之可以禁暴，而德厚之不足以止亂也。（以上第十二段）

「夫聖人之治國，不恃人之為吾善也，而用其不得為非也。恃人之為吾善也，境內不什數，用人不得為非，一國可使齊。為治者用衆而舍寡，故不務德而務法。夫必恃自直之箭，百世無矢，恃自圜之木，千世無輪矣。自直之箭，自圜之木，百世無有一，然而世皆乘車射禽者何也？隱栝之道用也。雖有不恃隱栝，（王先慎曰：雖有二字衍。）而有自直之箭，自圜之木，良工弗貴也。何則？乘者非一人，射者非一發也。不恃賞罰而恃自善之民，明主弗貴也。何則？國法不可失，而所治非一人也。故有術之君，不隨適然之善，而行必然之道。（以上第十三段）

「今或謂人曰：使子必智而壽，則世必以為狂。夫智，性也；壽，命也。性命者，非所學於人也。而以人之所不能為說人，此世之所以謂之為狂也，謂之不能，然則是諭也。夫諭性也以仁義教人，（蒲阪圓曰：諭性也三字疑注文誤入正文。）是以智與壽說人也，有度之主弗受也。故善毛嗇西施之美，無益吾面，用脂澤粉黛，則倍其初。言先王之仁義，無益於治。明吾法度，必吾賞罰者，亦國之脂澤粉黛也。故明主急其助而緩其頌，故不道仁義。（以上第十四段）

「今巫祝之祝人曰：使若千秋萬歲，千秋萬歲之聲聒耳，而一日之壽無徵於人，此人所以簡巫祝也。今世儒者說人主，不言今之所以為治，而語已治之功，不審官法之事，不察姦邪之情，而皆道上古之傳譽，先王之成功。儒者飾辭曰：聽吾言則可以霸王。此說者之巫祝，有度之主不受也。故明主舉實事、去無用，不道仁義故，（盧文弨曰：者字舊人删。按：者字加在故字上。）不聽學者之言。（以上第十五段）

「今不知治者，必曰：得民之心。欲得民之心，而可以為治，則是伊尹管仲無所用也，將聽民而已矣。民智之不可用，猶嬰兒之心也。夫嬰兒不剔首則腹痛，不揊痤則寖益，剔首揊痤，必一人抱之，慈母治之，然猶啼呼不止。嬰兒子不知犯其所小苦，致其所大利也。（以上第十六段）

「今上急耕田墾草，以厚民產也，而以上為酷。修刑重罰，以為禁邪也，而以上為嚴。徵賦錢粟，以實倉庫，且以救饑饉，備軍旅也，而以上為貪。境內必知介而無私解，并力疾鬭，所以禽虜也，而以上為暴。此四者所以治安，而民不知悅也。夫求聖通之士者，為民知之不足師用。昔禹決江濬河，而民聚瓦石；子產開畝樹桑，鄭人謗訾。禹利天下，子產存鄭，皆以受謗，夫民智之不足用亦明矣。故舉士而求賢智，為政而期適民，皆亂之端，未可與為治也。（以上第十七段）」

段落大意：

第一段，開門見山，點明篇題「顯學」二字的意思，並介紹儒墨兩派當時分歧的情形。

第二段，由儒墨各派彼此不同而又相攻，否定各派的自謂眞孔墨，再進而推論孔墨的不能代表眞堯舜，而總歸儒墨兩家爲「愚誣之學」。

第三段，舉例說明儒墨兩家的「雜反之行」。國君兼禮、聽用，必將亂國。此段以「冰炭不同器而久，寒暑不兼時而至」作比喻，說明「雜反之學，不兩立而治」的道理，爲國君兼禮並用必然亂國作證。

第四段，論「與貧窮地以實無資」的仁愛惠政，不但不足以爲治，反而會導致人民不再疾作節用，只等待政府的布施，將傷「農」事。

第五段，論輕物重生的人，國君如果尊貴之，人民將不再肯冒死爲國，將害「戰」事。

第六段，論讀書的學士，國君如果尊禮之，人民將不再疾作而且少言談，仍將傷「農」事。

第七段，論俠士的被尊顯，人民將不再勇於公戰怯於私鬥。總結儒墨之流，在各方面的特出作爲，都有害於農戰，而最不好的結果必然是：「所養者非所用，所用者非所養。」

第八段，教國君在聽儒墨之徒的言談時，應該責求其實用，不可只聽而不用。若認爲對，就用，不對，則去。

第九段，舉孔子以貌取人，以言取人失敗的例子，警告當時國君，不要被各種論調的言辭所惑。只聽言而不求其實效，容易被欺，並舉魏、越兩國的事例作證。

第十段，以錬劍、觀馬、察人三事作比喻，點出用人之道，應該「試之官職，課其功伐」。就是以責求實效爲準，令臣下憑功勞逐步升遷。

第十一段，以磐石雖大，象人雖多而不切實用作比喻，視商官儒俠之流的人爲無用之民。

第十二段，申明主旨，治國應當務力，唯有威勢可以强而有力的禁暴。在爭於氣力的時代，德厚不足以止亂，卽是儒墨之道不合時代要求。

第十三段，有力才能用衆，不依恃人民主動的善，其方法是務法。法治是對大多數不能自善的人的一種「隱栝之道」，是必然能齊民用衆的方法。以箭矢、車輪作比喻說明此理。

第十四段，以人天性和生命的不可能以人力妄加改變作比喻，說明儒墨之徒以仁義敎人的不可能。又以欲求毛嗇西施之美，必須用脂澤粉黛，比喻治國所不可少的脂澤粉黛就是法治。

第十五段，再以巫祝爲人添福增壽的不可信，比喻儒墨所稱道的先王之道對治國並無實際功用。

第十六段，以嬰兒治病作比喻，說明民智的短視，不可用。民智旣不可用，就不能事事求「得民之心」。

第十七段，舉當時治國時的實例，證明民智的不可用。再舉大禹、子產的例證加强此一理論。最後總結治國不可以用儒墨之流的賢智之人，也不可以用儒墨爲政求適民得民的主張。

作法說明：

開門見山破題，前已詳述。前兩段推理否定儒墨後學、否定孔墨，犀利明快。（參閱第七篇第四章第五節）

另外要特別說明的是，全文用了九次淺明的比喻：冰炭、寒暑；鍊劍、觀馬、察人；磐石、象人；悍虜、敗子；箭矢、車輪；智與壽；毛嗇、西施；巫祝祝人；嬰兒治病。正反面推論事理，正面舉證證明，固然能令人口服心服，若再善用比喻，以人人都熟習、都瞭解的事作比喻，更可收到一點就通的好處，論說文中運用比喻，將有意料不到的效果。本篇就是一個明顯的例證。

韓非喻老篇，通篇以事例作比喻，來解釋老子書中一些思想，可以參看。劉勰曾說韓非：「著博喻之富」（文心雕龍、諸子），包世臣也說：「韓非旁通博喻」（藝舟雙楫、文譜），的確不錯。

第六章　說難篇

說難篇

「凡說之難，非吾知之有以說之之難也，又非吾辯之能明吾意之難也，又非吾敢橫失而能盡之難也。凡說之難，在知所說之心，可以吾說當之。（以上第一段）

「所說出於為名高者也，而說之以厚利，則見下節而遇卑賤，必棄遠矣。所說出於厚利者也，而說之以名高，則見無心而遠事情，必不收矣。所說陰為厚利而顯為名高者也，而說之以名高，則陽收其身而實疏之；說之以厚利，則陰用其言，顯棄其身矣。此不可不察也。（以上第二段）

「夫事以密成，語以泄敗，未必其身泄之也，而語及所匿之事，如此者身危。彼顯有所出事，而乃以成他故，說者不徒知所出而已矣，又知其所以為，如此者身危。規異事而當，知者揣之外而得之，事泄於外，必以為己也，如此者身危。周澤未渥也，而語極知，說行而有功，則德忘；說不行而有敗，則見疑；如此者身危。貴人有過端，而說者明言禮義，以挑其惡，如此者身危。貴人或得計而欲自以為功，說者與知焉，如此者身危。彊以其所不能為，止以其所不能已，如此者身危。（以上第三段）

「故與之論大人，則以為閒己矣；與之論細人，則以為賣重。論其所愛，則以為藉資；論其所憎，則以為嘗己也。徑省其說，則以為不智而拙之；米鹽博辯，則以為多而交之。略事陳意，則曰怯懦而不盡；慮事廣肆，則曰草野而倨侮。此說之難不可不知也。（以上第四段）

「凡說之務，在知飾所說之所矜，而滅其所恥。彼有私急也，必以公義示而強之。其意有下也，然而不能已，說者因為之飾其美而少其不為也。其心有高也，而實不能及，說者為之舉其過而見其惡，而多其不行也。有欲矜以智能，則為之舉異事之同類者，多為之地，使之資說於我，而佯不知也，以資其智。欲內相存之言，則必以美名明之，而微見其合於私利也。欲陳危害之事，則顯其毀誹，而微見其合於私患也。譽異人與同行者，規異事與同計者。有與同汙者，則必以大飾其無傷也；有與同敗者，則必以明飾其無失也。彼自多其力，則毋以其難概之也；自勇其斷，則無以其謫怒之；自智其計，則毋以其敗窮之。大意無所拂悟，（王先慎曰：御覽引意作怒，悟作忤。）辭言無所繫縻，然後極騁智辯焉。此道所得親近不疑，而得盡辭也。（以上第五段）

「伊尹為宰，百里奚為虜，皆所以干其上也。此二人者，皆聖人也，然猶不能無役身以進，如此其汙也。今以吾言為宰虜，（高亨曰：言字衍文。）而可以聽用而振世，此非能仕之所恥也。（盧文弨曰：仕與士通。）夫曠日彌久，而周澤既渥，深計而不疑，引爭而不罪，則明割利害以致其功，直指是非以飾其身，以此相持，此說之成也。（以上第六段）

「昔者鄭武公欲伐胡，故先以其女妻胡君，以娛其意。因問於羣臣：『吾欲用兵，誰可伐者？』

大夫關其思對曰：『胡可伐！』武公怒而戮之，曰：『胡，兄弟之國也。子言伐之，何也？』胡君聞之，以鄭為親己，遂不備鄭。鄭人襲胡，取之。宋有富人，天雨牆壞，其子曰：『不築，必將有盜。』其鄰人之父亦云。暮而果大亡其財。其家甚智其子，而疑鄰人之父。此二人說者皆當矣，厚者為戮，薄者見疑，則非知之難也，處之則難也。故繞朝之言當矣，其為聖人於晉，而為戮於秦也，此不可不察。（以上第七段）

「昔者彌子瑕有寵於衛君。衛國之法，竊駕君車者罪刖。彌子瑕母病，人聞有夜告彌子，彌子矯駕君車以出。君聞而賢之曰：『孝哉！為母之故，忘其犯刖罪。』異日，與君遊於果園，食桃而甘，不盡，以其半啗君。君曰：『愛我哉！忘其口味，以啗寡人。』及彌子色衰愛弛，得罪於君。君曰：『是固嘗矯駕吾車，又嘗啗我以餘桃。』故彌子之行，未變於初也，而以前之所以見賢，而後獲罪者，愛憎之變也。故有愛於主，則智當而加親，有憎於主，則智不當見罪而加疏。故諫說談論之士，不可不察愛憎之主，而後說焉。（以上第八段）

「夫龍之為虫也，柔可狎而騎也，然其喉下有逆鱗徑尺，若人有嬰之者，則必殺人。人主亦有逆鱗，說者能無嬰人主之逆鱗，則幾矣。」（以上第九段）

段落大意：

第一段，開門見山自反面破題，再正面點出一篇主旨：「知所說之心，可以吾說當之。」

第二段，人追求名利，如何抓住對方心理，是求名抑求利？分四種可能的情況，教遊說者注意，這是接第一段的申論。

第三段，由反面論許多因爲不知所說者的心理，可能使自己身危的情形。

第四段，接上段說明雖不至身危，但也絕不可能成功的許多情形。以上所論都是在說之難上發揮，教遊說者不可不知。以上都是說明在遊說之先，要有的認識。

第五段，正面論如何去遊說，總歸之於一「順」字。唯有一切先求順所要遊說者的心意，使自己能「親近不疑」，這才是成功的第一步。

第六段，舉伊尹、百里奚爲例，說明有抱負的人，爲了求「聽用而振世」，應該用盡一切可用的方法，不只是要「順」，卽使是「役身以進」，也無不可。

第七段，舉例說明「非知之難，處之則難」的道理，也就是在理論闡述過後，回頭舉例說明第一段凡說之難，不在個人的智慧、不在個人的辯才、不在個人的胆識三方面，而是難在如何「處」，難在何時何地對何人展示才學、進行遊說。

第八段，以彌子瑕爲例，說明國君之心不可測，爲第一段凡說之難「在知所說之心」作證。

第九段，以龍下逆鱗，觸之則殺人作比喻，重申遊說者的第一步工作是「順」，以求知道要遊說者之心，才能進一步深計或引爭。

作法說明：

說難一文，論遊說之道，堪稱千古絕作。

第一段立一篇綱領，由反面說明遊說並不難在一般人以爲難的三方面，再由正面探本尋源的找出困難所在。知己固然不易，知彼更難，知國君之心尤難。第二、三、四段，即申論不能知所說之心，無法成功。反面道理說完，第五、六段正面說明既知難的所在，當如何應付，並舉例作證明。第七、八段，舉例作第一段呼應，遊說之難，第一在「知所說之心」，第二則在如何去「處」自己的才學，是否「可以吾說當之」。唯有知己知彼配合，才能成功。最末再以龍作比喻，加强「順」對方之意而言，是成功的第一步。

全文結構緊嚴之外，事理分析得極細，幾無遺漏，但又無一事不重要；文字運用得極簡，毫無費字冗句，但無一句不明白，作者心思的細密，技巧的高明，在此篇得一明證。

韓非對遊說之道，思之至深，言之極明，可惜自己口吃，不能道說，空懷壯志而不得以遊說的手段，取信於國君，以行其道，至爲可悲。所當注意者，其論爲求順所說者之心而用的方法，幾乎一無立場、主見、原則可言，後人對此批評頗多。個人以爲，他舉伊尹、百里奚爲例，極堪注意，韓非是主張以遊說爲實現治國理想的一種手段的人，不同於縱橫家以遊說作手段，以取得個人富貴爲目的，這個手段在那個時代是不可少的，人人都用，但是好與壞就看他的目的是爲了救國還是爲了富貴。伊尹、百里奚都不是求個人富貴的人，韓非所講的遊說之道，雖然不能爲一般人所接受，但不可否認的，在當時不如此不能得國君信任，不能得國君信任，空懷抱負，無可奈何。此韓非之所以寫說難也。

結語

文章的欣賞和學習是一致的，相輔爲用，而又相輔相成。學習的第一步是學會欣賞，欣賞更有助於學習。欣賞不能走馬看花或不求甚解，更忌諱歪曲附會。

欣賞韓非文章，要先知其人。人是社會的一份子，作者所處的時代、所居的環境、所遇的事物，這一切都或多或少的影響一個人的思想、影響一個人作品的風格，所以不能不先有透澈瞭解。

知其人而後才能對其作品，設身處地的，以他的處境、以他的立場，去認識他的思想、去體會他的作品。瞭解了作品的內涵，再去研究作品外在的諸般技巧，細細推敲，細細品味吸收。

欣賞韓非的文章，要注意學習他那清晰的條理。這有助於先訓練自己有一個清楚明白的頭腦，對事物具有分析和組合的能力。這是學寫論說文不可少的第一先決條件。韓非長處正在此，應當先學到。

韓非文章，氣勢凌人，文字上暢所欲言，發洩無餘；但不免析理有時欠圓融、論事有時欠周延，學者可以就這些地方，學習作文加以補充或駁難。其他有過於冗長或重複的地方，也可以試加刪節，使更精鍊。

韓非的文章是論說文的佳作。論說文以說理爲主，必須先求言之有物，言之成理，所以在學習他文章技巧之外，尤其應該加強自己的思想，唯有有主張、有立場、有見地，論說文才能寫得出色。至於個人思想的如何充實與建立，則有賴多方面學習觀察，此不多贅。